Mystische Offenbarungen erhalten die Druckgenehmigung (Imprimatur) der Kirche, wenn sie als im Einklang mit den katholischen Doktrinen und Sitten bewertet werden. Imprimatur ist Latein für „lass es gedruckt werden". Diese Offenbarungen sollen die Lücken füllen, die durch Zensur in den frühen Tagen des christlichen Glaubens und Fehler bei der Übersetzung in der Bibel hinterlassen wurden. Sie enthüllen Dinge, die so geschahen, wie sie geschahen. Sie sollen <u>nicht</u> die Bibel ersetzen.

In dieser Reihe

Der Gnadenvolle: Die frühen Jahre

Der Gnadenvolle: Die Meriten

Der Gnadenvolle: Joseph-Passion

Der Gnadenvolle: Der Blaue Engel

Der Gnadenvolle: Der Knabenalter von Jesus

Lamb Books

Veranschaulichte Adaptionen für die ganze Familie

LAMB BOOKS

Veröffentlicht von Lamb Books, 2 Dalkeith Court, 45 Vincent Street, London SW1P 4HH;

UK, USA, FR, IT, SP, DE

www.lambbooks.org

Zuerst von Lamb Books 2013 veröffentlicht

Diese Ausgabe

001

Text copyright @ Lamb Books Nominee 2013

Illustrationen copyright @ Lamb Books, 2013

Das moralische Recht der Autor und Illustrator ist behauptet worden,

Alle Rechte vorbehalten

Der Autor und Herausgeber sind dankbar, dass der Centro Editoriale Valtoriano in Italien für die Erlaubnis, aus dem Gedicht der Gott-Mensch von Maria Valtorta zu zitieren, von Valtorta Publishing

In Baskerville Old Face Set

Gedruckt in Großbritannien von CPI

Außer in den USA wird dieses Buch unter der Bedingung verkauft, dass sie nicht befugt, durch den Handel oder anderweitig verliehen, weiterverkauft, vermietet oder anderweitig in Umlauf gebracht, ohne vorherige Zustimmung des Herausgebers in irgendeiner Form zu binden oder decken andere als , in dem es veröffentlicht wird und ohne einem ähnlichen Zustand wie dieser Zustand auf der nachfolgenden Käufer auferlegt.

ISBN: 978-1-910201-13-8

Der Gnadenvolle

Der Blaue Engel

LAMBBOOKS

Danksagungen

Das Material in diesem Buch ist an „Die mystische Stadt Gottes" von Schwester Maria von Jesus aus Agreda angepasst, das die Imprimatur 1949 erhielt, und auch an „Der Gottmensch" („Das Evangelium, wie es mir offenbart wurde"), zuerst zugelassen 1948 von Papst Pius XII., als er bei einem Treffen am 26. Februar 1948 die drei anwesenden Priester, die dies bezeugen konnten, aufforderte, „die Arbeit zu veröffentlichen, wie sie ist". 1994 beherzigte das Vatikanische Konzil endlich die Rufe christlicher Aktivisten weltweit beherzigt und zieht die Seligsprechung Maria Valtortas („Kleiner Johannes") in Betracht.

Es ist noch immer Gegenstand vieler Kontroversen, sowohl rational als auch politisch, so wie viele große Arbeiten. Allerdings ist Glauben weder Gegenstand von Rationalismus noch von Politik.

Der Gottmensch wurde vom Beichtvater von Papst Pius als „erbaulich" beschrieben. Mystische Offenbarungen waren lange das Fachgebiet der Religiösen. Nun sind sie allen zugänglich. Mögen alle, die diese Adaption lesen, der Teile der Mystischen Stadt Gottes wie auch des Gottmenschen vereint, sie ebenfalls erbaulich finden. Mit diesem Licht sei der Glaube erneuert.

Besonderen Dank an das Centro Editoriale Valtortiano in Italien für die Erlaubnis, aus dem Gottmenschen von Maria Valtorta, Spitzname „Kleiner Johannes", zu zitieren.

'Von Marias jungfräulichem Blut und Herzen, das absolute Geschenk der Liebe: Jesus die Eucharistie.'

Maria, 4. Juni, 1953

Ilustration von Susan Conroy"

Die Volkszählung 9

Die Reise nach Betlehem 15

Die Geburt Jesu 27

Die Verehrung durch die Hirten 42

Die Beschneidung 57

Zacharias Besuch 64

Die Vorstellung Jesu im Tempel 71

Mary's Lullaby 79

Die Verehrung durch die Weisen 85

Die Volkszählung

Während Maria im Vorzimmer sitzt, verarbeitet sie weiße Linnen. Aber das vom Garten hereinkommende grüne Licht wird immer schwächer. Also legt sie ihre Arbeit nieder und macht eine Öllampe an und schließt die Tür.

Sie ist höchst schwanger mit einem großen Bauch. Aber sie ist nichtsdestotrotz wunderschön, ganz leicht auf den Beinen wie ein Schmetterling und voll Würde und Gnade.

Ihr Gesicht ist von einem ruhigen, unschuldigen Mädchen, welches sie während der Verkündigung war, zu einem Gesicht einer angenehmen und hoheitsvollen Frau gereift, die ihre Vollkommenheit in Mutterschaft gefunden hat. Ihr Gesicht ist jetzt schlanker, ihre Augen größer und bedachter, und es ist dieses schlanke Gesicht, das sie für immer behalten wird, ewiglich jung. Niemals wird sie hohes Alter oder das Verderben des Todes kennen. In dreiunddreißig Jahren, wenn ihr Sohn gefoltert und gekreuzigt wird, wird ihre Trauer sie kurzzeitig älter wirken zu lassen, wie ein Schleier, der ihrer undverderblichen Schönheit übergeworfen wird.

Josef, der gerade von Besorgungen zurückkommt, schreitet durch den Haupteingang, als Maria ihren Kopf hebt und ihn mit einem süßen Lächeln begrüßt. Joef lächelt auch aber verhalten, er scheint besorgt zu sein und Maria fühlt dies, da sie im tief in die Augen blickt.

Sie erhebt sich und nimmt Josefs Mantel von ihm, faltet ihn und legt ihn auf eine Kiste. Josef setzt sich mit aufgestützten Ellbgoen an den Tisch und setzt seinen Kopf in eine Hand. In Gedanken versunken sträubt er und kämmt er seinen Bart mit der freien Hand.

'Gibt es etwas dass dir sorgen macht?' fragt Maria, 'Kann ich helfen?'

'Du spendest mir immer Trost, Maria. Aber dieses Mal habe ich ein großes Problem... das auch dich betrifft.'

'Mich, Josef? Was ist es?'

'Sie haben einen offiziellen Befehl von Kaiser Augustus and die Tür der Synagoge gehängt, der die Zählung aller Palästinenser verlangt. Jeder muss sich auf den Weg machen und sich in seinem Geburtsort registriern und dort die örtlichen Steuern zahlen. Wir müssen nach Betlehem reisen...'

'Oh!' stößt Maria hervor mit einer Hand auf ihrer ausgeweiteten Brust.

'Das ist ein Schock, ist es nicht? Und ein trauriger dazu, ich weiß!'

'Nein, Josef. Das ist es nicht. Ich denke... ich denke an die heiligen Schriften, welche besagen "Aber du Betlehem, Ephrathah, der letzte Stamm von Juda, durch dich wird der Herrscher geboren." Der versprochene Herrscher des Hauses Davids. Dort wird er geboren...'

'Denkst du.. denkst du die Zeit ist gekommen?...Oh! Was sollen wir tun?' fragt Josef bestürzt währen er Maria mit mitleidsvollen Augen ansieht.

Da Maria sieht wie Josef aus der Fassung ist, lächelt sie zustimmend und sagt 'Ich weiß es nicht, Josef. Meine Zeit ist nah, aber der Herr könnte dies verzögern um deine Sorgen zu lindern. Er ist allmächtig. Hab keine Angst.'

'Aber die Reise!... Denk nur mal an die Menschenmenge. Werden wir eine Unterkunft finden? Werden wir rechzeitig zurückkommen? Und falls... falls du dort eine Mutter werden solltest, was werden wir tun? Wir haben dort kein Zuhause... wir kennen dort niemanden mehr.'

'Hab keine Angst, alles wird gut. Gott findet Unterkunft für die gebärtsreifen Tiere. Denkst du nicht, dass er eine Unterkunft für Seinen Messias finden wird? Wir vertrauen in Ihn oder nicht? Immer... und je schwerer das Joch, desto mehr vertrauen wir... Er ist unser Leitfaden und wir verlassen uns ganz auf Ihn... bedenke wie er uns bisher mit Liebe geführt hat...besser als die besten Väter...Wir sind Seine Kinder und Seine Diener. Wir werden Seinen Willen erfüllen... dieser Befehl ist Sein Wille... und der Kaiser ist lediglich ein Instrument Gottes. Dieser Gott, der diese Ereignisse so arrangiert hat, dass sein Christus in Betlehem geboren werden könne... Betlehem, die kleinste Siedlung in ganz Judäa, welche noch nicht existierte und doch war ihr Ruhm schon bestimmt... und jetzt, wenn die Welt in Frieden ist, wird der Ruhm Betlehems vollendet und das Wort Gottes war werden.

Oh, wie gering unsere Beschwerden sind, wenn wir die diesen schönen Moment des Friedens bedenken! Denk nur mal, Josef: eine Zeit, in der kein Hass in der Welt ist. Könnte es eine bessere Zeit für den aufsteigenden "Stern" geben, das göttliche Licht der Erlösung?... Hab keine Angst, Josef. Wenn der Weg unsicher ist, wenn die Mengen die Reise beschwerlich machen, werden die Engel uns verteidigen und beschützen. Nicht uns: aber ihren König.

...falls wir keine Unterkunft finden, werden ihre Flügel uns ein Zelt sein. Keine Gefahr wird über uns fallen. Es kann nicht passieren: Got ist mit uns.'

Josef fängt an zu jauchzen als er Ihr zuhört und die Falten auf seiner Stirn verschwinden allmählich. Wiederbelebt lächelt er und sagt 'Du bist gesegnet, Sonner meiner Seele! Du bist gesegnet, weil du alles durch die Gnade, der du vollkommen bist, siehst! Lass uns keine Zeit mehr verschwenden. Wir müssen uns so schnell wie möglich auf den Weg machen um rechzeitig zurückzukehren, da hier alles bereit ist für die...für die...'

'Für unseren Sohn, Josef. Sodass er im Auge der Welt sein kann, vergess das nicht. Der Vater hat sein Kommen mit einem mysteriösen Schleier bedeckt und wir dürfen diesen Schleier nicht lüften. Jesus wird das tun, wenn die Zeit kommt...' und Marias Gesicht erstrahlt mit Licht, Schönheit und Anmut, wenn sie den Namen "Jesus" erwähnt.

Und so bereiten sie sich auf die Reise nach Betlehem vor, die 5 Tage dauern wird. Sie haben einige Gemüse, Früchte und

Fisch für die Reise bereitet. Josef macht sich auf den Weg zwei Esel für den Weg zu finden. Aber da dies eine beschäftigte Zeit für die Palästinenser ist und nach langer Suche, findet er nur einen kleinen Esel. Maria, die die Verheisung, dass der Erlöser in Betlehem geboren wird, genau kennt, bringt einige Leintücher und Kleider, die für die Geburt notwendig sind. Nachdem sie den Tag der Abreise bestimmt haben, überlassen sie das Haus einem Nachbarn und machen sich auf den Weg nach Betlehem.

Die Reise nach Betlehem

Es ist ein angenehmer Wintertag. Der Himmel ist klar und die Kälte beißend. Auf der Hauptstraße sieht man überall Esel schwerbeladen mit Leuten und deren Besitztümer. Einige gehen in diese Richtung, die anderen in die andere. Die Menschen treiben ihre Tiere an um sich zu beeilen und sich warm zu halten.

Die Winterwinde haben das kurze Grass in den Weiden erfasst und die kahle, hüglige Landschaft wallend in jede Richtung erscheint nun noch weiter.

Der Weg verläuft durch die Mitte des Tals und schlängt sich Richtung südost.

Maria trägt einen weißen Schleier, ein langes, tief blaues Kleid, das bis zu ihren Füßen geht und sie ist in einen schweren, dunkelblauen Wollmantel eingehüllt seitwärts vor dem Sattel des kleinen Esels sitzend.

Josef hält die Zügel und läuft an Ihrer Seite. Ungesehen vom Menschenauge, werden sie an jeder Seite begleitet, beschützt und verteidigt von einer Staffel von zehntausenden von Engeln, die von Gott selbst beordert wurden, nur sehbar in menschlicher Form von Maria und vielen anderen dienenden Gesandten und Botschaftern des ewigen Vaters für und von Seinem eigenen Sohn, in Marias Leib in die Welt gesetzt.

Weil sie arm aussehen, werden sie schlecht behandelt und es wird ihnen nur eine arme Bewirtung in den Tavernen und Gasthäusern angeboten, in denen sie Unterkunft suchen, während ihrer fünf tägigen Reise; Die Leute sind oftmals unhöflich. An manchen Orten wird ihnen gar der Eingang verweigert. An anderen Orten ihnen eine kleine Ecke im Flur angeboten oder noch schlimmer. Aber egal wo sie verbleiben, bilden die Engel eine uneindringliche Kammer um sie herum. Weil sie so gut beschützt werden, drängt Maria Josef ein bisschen Erholung zu bekommen. Und jeden Tage kommen sie Betlehem ein Stückchen näher.

'Bist du müde?' frage Josef ab und an als sie die letzte Phase ihrer Reise erreichen.

'Nein das bin ich nicht' antwortet sie jedes mal. Und immer mal sagt sie dazu 'Du musst müde sein vom Laufen.'

'Oh! Ich! Das ist nichts für mich… hätte ich einen anderen esel gefunden, hättest du es dir bequemer machen können und wir hätten schnelle reisen können…aber nur Mut… wir werden schon bald in Betlehem sein. Ephrathah is hinter diesem Berg.

Sie reisen in Stille. Maria scheint im Gebet versunken zu sein. Ab und an, lächelt sie milde wegen Ihrer Gedanken. Sie schaut in die Menge, blind.

Der Wind erhebt sich.

'Ist dir kalt?' fragt Josef.

'Nein, aber danke.'

Josef berührt Ihre Füße, die in Sandalen beschuht sind und sich unter dem langen Kleid verstecken. Er schüttelt seinen Kopf, dann nimmt er die Decke von seinen Schultern und breitet sie über ihre Beine aus, sodass die Decke Ihre Arme und Füße bedeckt.

Sie reisen weiter und treffen einen Hirten, der seine Herde von der Weide an der rechten Seite der Straße zur linken Seite führt. Josef hält an und währen er sich beugt, flüstert er etwas dem Hirten zu, welcher nickt. Dann führt Josef den Esel in die Weide dem Hirten folgend.

Der Hirte milkt ein großes Schaaf mit geschwollenen Eutern. Er sammelt die Milch in einer Schale und gibt diese zu Josef, der sie Maria anbietet. 'Möge Gott euch beide segnen!' reif Maria, 'dich für deine Liebe und dich für deine Güte. Ich werde für euch beten.'

Seid ihr aus der Ferne gekommen?' fragt der Hirte.

'Aus Nazareth' antwortet Josef.

Und wohin soll euch eure Reise führen?' fragt der Hirte wieder.

'Nach Betlehem.'

'Eine lange Reise für eine Frau in Ihren Umständen. Ist Sie deine Frau?'

'Ja, das ist Sie.'

'Habt ihr eine Unterkunft, an der ihre weilen könnt?'

'Nein, diese haben wir nicht.'

'Das ist nicht gut! Betlehem ist voll mit Menschen, die von überall her gekommen sind um sich einzuschreiben zu lassen oder die auf dem Weg sind sich irgendwo anders einschreiben zu lassen. Ich weiß nicht ob ihr eine Unterkunft finden werdet. Kennt ihr euch dort aus?' fragt der Hirte.

'Nicht wirklich.'

'Nun gut... ich werde es euch erklären... Ihreswegen...' fügt er an und zeigt auf Maria. 'Finde das Hotel, aber es wird voll sein. Aber ich sage dir das gleiche um dich zu führen. Es ist im größten Platz und dieser Weg wird dich dort hinführen. Es ist ein langes, niedriges Gebäude mit einer sehr großen Tür. Aber es wird voll sein...' erwidert er. '... falls du im Hotel und all den anderen Gasthäusern kein Zimmer für dich und deine Frau findest, gehe zum Hinterteil des Hotels, in der Nähe des Hinterlandes. Dort sind ein paar Stallgebäude in den Bergen, die manchmal von Händlern für ihre Tiere genutzt werden. Sie sind feucht und kalt uns es gibt keine Türen. Aber sie sind eine Unterkunft, da deine Frau... Sie kann nicht auf der Straße gelassen werden. Du könntest dort eine Unterkunft finden... und ein bisschen Stroh zum Schlafen und für den Esel. Möge Gott euch führen.'

'Und möge Gott dir Freude bringen!' jauchzt Maria.

'Der Friede sei mit dir!' sagt Josef.

Sie machen sich wieder auf den Weg und klettern zum Höhepunkt des Hügels, von welchem sie ein weites Tal sehen können umgeben von Neigungen, die mit Häusern gefüllt sind. Betlehem.

Es ist vier Uhr des fünften Tages ihrer Reise, ein Samstag, als sie in Betlehem ankommen. Da es die Wintersonnenwende ist, beginnt die Sonne sich bereits zu senken.

'Hier sind wir im Lande Davids Maria. Nun wirst du dich ausruhen können. Du siehst so müde aus...'

'Nein. Ich dachte... ich denke...' Maria nimmt Josefs Hand und sagt mit einem glückseligen Lächeln 'Ich denke, dass nun wirklich die Zeit gekommen ist.'

'Oh Herr der Gnade! Was sollen wir tun?'

'Hab keine Angst Josef. Sei beruhigt. Siehst du wie ruhig ich bin?'

'Aber du musst sicherlich viel erleiden.'

Oh!. Nein. Ich bin voller Freude. Eine Freude so großartig, so wunderschön und so unhaltsam, dass mein Herz klpft und klopft und mir zuflüstert: "Er kommt! Er kommt! In jedem

Herzschlag. Es ist mein Kind, dass an meinem Herzen klopft und sagt "Mutter, ich bin hier und ich komme um Dir den Kuss Gottes zu geben." Oh! Was für eine Freude mein lieber Josef!'

Aber Josef ist nicht freudig... er denkt an das dringende Bedürfnis Unterkunft zu finden und er beschleunigt seinen Schritt. Er geht von Tür zu Tür und fragt nacht einem Zimmer, aber alle sind voll. Sie klopfen an die Türen alter Bekannter, Freunde von Bekannten, alle ihre Verwandten und komplett Fremde. Aber wo immer sie auch hingehen, es gibt kein Zimmer. An manchen erhalten sie grobe Worte. Andere schließen einfach die Tür vor ihren Gesichtern zu. All dies geschieht während Maria, höchstschwanger und umgeben von einer Scharr von zehn tausend Engeln und Boten, Josef von Haus zu Haus folgt und er an zahlreiche Türen klopft. In ihrer Suche kommen sie an dem öffentlichen Register vorbei wo sie ihre Namen einschreiben und ihre Steuern zahlen.

Sie erreichen das Hotel aber finden heraus, dass es voll ist. Sogar der äußerste Vorbau ist voll von Leuten.

Josef verlässt Maria auf dem Esel sitzend im inneren des Garten und such nach Zimmern in weiteren Häusern nur um entäuscht zurückzukehren. Die Winterdämmerung beginnt ihre Schatten zu werfen.

Josef fleht den Hotelbesitzer an.

Er fleht die Reisenden an.

Er betont, dass sie alle gesunde Männer sind, dass es eine Frau gibt die bald ein Kind zur Welt bringen wird.

Er bittet um ihre Barmherzigkeit.

Nichts.

Es ist bereits neun Uhr, wenn Josef mit herzzerbrechender Sorge zu Maria zurückkehrt. Insgesamt haben sie an fünfzig verschiedenen Orten gebettelt, an allen wurden sie verweigert und fortgeschickt.

Ein reicher Pharisäer schaut sie aus Verachtung an und wenn Maria ihm entgegenkommt, tritt er zur Seite, als ob er einem Aussätzigen ausweichen würde. Josef sieht den Pharisäer and und errötet in Missachtung. Maria legt ihre Hand an sein Handgelenk. 'Beharre nicht darauf' sagt sie ruhig, 'lass uns gehen. Gott wird für uns sorgen.'

Die Engel sind von der Boshaftigkeit des Mannes erstaunt und um so mehr bewundern sie die Geduld und Demut der zarten, bescheidenen Junfrau, die in Ihrem Zustand in Ihrem Alter der öffentlichen Blicke ausgestellt ist. Es ist dieser Moment, in dem Gott beginnt Armut und Demut unter den Menschen zu ehren.

Sie gehen nach draußen und um die Hotelwand herum, in eine schmale Straße zwischen dem Hotel und ein paar armen Häusern und dann um den hinteren Teil des Hotels, wo sie den Stall sehen. Sie finden eine niedrige, feuchte Grotte, die mehr wie ein Keller aussieht, aber die besten sind alle schon besetzt.

'Ehi! Galiläer!' ruft ein alter Mann 'dort am unteren Ende, unter diesen Ruinen, dort ist eine Höhle. Sie könnte noch frei sein.'

Sie eilen zur Höhle, welche sich außerhalb der Stadtmauern befindet und finden eine kleine Höhle in den Ruinen eines alten Gebäudes, welceh in eine Aushöhlung im inneren des Berges führt; Es ist im Fundament des alten Gebäudes. Das Dach ist Schutt und wird von groben Baumstumpfen gehalten und es gibt kaum Licht.

Josef nimmt seinen Zunder unf Dlint, und macht die Lampe aus seinem Reisesack an.

Als er in die Höhle eintritt, wird er von dem Grölen eines Ochsen begrüßt.

'Komm herein Maria' sagt Josef lächelnd. 'Es ist nur ein Ochse hier... Es ist besser als nichts!'

Maria steigt vom Esel und geht hinein.

Josef hängt die Lampe an einen Nagel, der in einem der Stämme steckt. Überall sieht man Spinnennetze. Der gestampfte marode Boden ist voll mit Müll, Löchern, Ausscheidungen und Heu. Im Hintergrund steht ein Ochse mit Heu im Maul und er dreht seinen Kopf und schaut milde mit großen, ruhigen Augen.

Es gibt einen harten Sitz mit zwei großen Steinen in der Ecke in der Nähe der Höhle, geschwärzt in Warheit.

Maria ist kalt. Sie läuft auf den Ochsen zu und streichelt seinen Nacken mit Ihrer Hand. Der Ochse scheint es zu verstehen und grölt aber rührt sich nicht.

Der Ochse ist Heu von der unteren Stufe einer zweistufigen Krippe. Und als Josef ihn leicht zur Seite schievt um Heu für die obere Stufe zu holen um ein Bett für Maria zu machen, bleibt der Ochse gelassen und ruhig.

Dann macht der Ochse platz für den den kleinen Esel, der, hungrig und müde wie er ist, sich gleich ans Essen macht. Josef findet einen zerschlagenen Eimer und nutzt diesen um Wasser von einem Strom außerhalb de Höhle zu holen, damit der Esel trinken kann. Dann findet er ein Bündel von Ästen und kehrt damit den Boden. Danach verteilt er Stroh um ein Bett, in der geschützten und trockenen Ecke des Ochsens, zu machen. Dann sieht er, dass das Stroh zu feucht ist und er seufzt, macht ein Feuer, und wartet mit der Geduld von Job, trocknet er das Stroh, eine Handvoll nach der anderen, indem er es ans Feuer hält.

Maria, müde, sitzt auf dem Hocker. Sie schaut und lächelt.

Wenn das Stroh trocken ist, rückt Sie rüber und setzt sich auf das bequemere, weiche Stroh mit Ihrem Rücken an einen der stützenden Stämme gestützt. Josef hängt seinen Mantel wie einen Vorhang als Tür über den Eingang der Höhle.

Dann bietet er Maria Brot und Käse und ein Fläschchen Wasser an.

'Schlaf nun' sagt er 'Ich werde hier sitzen und auf das Feuer aufpassen... glücklicherweise ist dort ein bisschen Holz. Lass uns hoffen, dass es brennen wird un lange hält, sodass wir Öl für die Lampe bewahren können.'
Maria legt sich gehorsam nieder und Josef bedeckt Sie mit Ihrem Mantel und der Decke.

'Was ist mit dir... dir wird kalt sein.'

'Nein, Maria. Ich werde in der Nähe des Feuers sein. Versuche dich jetzt auszuruhen. Die Bedingungen werden morgen besser sein.'

Maria schließt Ihre Augen.

Josef sitzt auf dem Hocker in der Nähe des Feuers mit ein paar Sprossen - eher wenigen - neben ihm.

Maria schläft auf der rechten Seite mit ihrem Rücken zur Tür, halb versteckt dur den Baumstamm und den Ochsen, welcher jetzt in seinem Stroh liegt.

Josef ist in der Nähe der Tür, an der linken Seite, ins Feuer blickend, mit seinem Rücken zu Maria.

Ab und an dreht er sich um nach Ihr zu sehen un sieht, das Sie ruhig daliegt und vielleicht schläft.

Er bricht die Sprösslinge lautlos ab, einer nach dem anderen und wirft sie ins Feuer, damit es länger hält und für Licht und Wärme. Die Lampe ist nun aus und nur noch das dimme Licht des Feuers erleuchtet die Höhle, mal heller oder mal schwächer. Im Halblicht, kann man nur die Weiße des Ochsens und von Josefs Händen und Gesicht sehen.

Die Geburt Jesu

Maria wacht auf und schaut rüber wo Josef auf dem Hocker nahe dem abklingendem Feuer, und hat seinen Kopf dösend in seine Brust gesenkt. Sie lächelt ihn an, setzt sich und kniet sich dann nieder und fängt an mit Ihren Armen ausgebreitet, fast in der Form eines Kreuzes aber leicht nach vorne gebeugt, Handfläche gen Himmel, ihr Gesicht in Ekstase, zu beten. Sie bleibt in dieser Position eine Zeit lang. Dann wirft Sie sich nieder mit Ihrem Gesicht im Stroh und einem noch innbrünstigeren Gebet.

Josef wacht auf und wirft eine Handvoll von sehr dünnem Gewächs ins Feuer um die Flammen wiederzubeleben, welchen er Äste und Zweige beigibt. Es ist eine sehr kalte Nach in der Mitte des Winters und es ist fast Mitternacht, noch kälter wegen der Kälte, die durch das Äußere der verlassenen Ruine hereinkommt.

In der Nähe der Tür wo er sitzt, muss Josef am kältesten sein und er wärmt sich erst seine Hänäde über dem Feuer und nimmt dann seine Sandalen ab und wärmt seine Füße.

Dann schaut er zu Marias Ecke. Aber er kann nichts sehen, nich einmal Ihren weißen Schleier im Stroh. Er steht auf und bewegt sich Richtung Strohlager.

'Brauchst du etwas?'

'Nein, Josef.'

'Versuch ein bisschen zu schlafen. Versuch es wenigstens.'

'Ich werde es versuchen. Aber ich werde niemals müde vom Beten.'

'Möge Gott mit Dir sein, Maria.'

'Und mit dir, Josef.'

Maria wirft sich wieder nieder wie zuvor und Josef geht zum Feuer und kniet sich ebenfalls um mit seinen Händen über seinem Kopf zu beten. Ab und an, füttert er das Feuer, aber dann betet er weiter mit Begeisterung. Die Höhle ist nun still bis auf das knacksen des Feuers und das gelegentliche Stampfen der Hufen des Esels. Josef, der immer noch neben dem Feuer kniet mit seinen Händen über dem Kopf, ist entzückt und fällt in Ekstase.

Ein dünner, außerirdisch silbener Strahl schleicht durch die Spalten der Höhle, der seine Klinge ausbreitet als der Mond in den Himmel steigt. Als er Maria erreicht, formt er einen Heiligenschein aus purem Licht über Ihrem Kopf. Es ist 11 Uhr der Nacht des Samstages.

Maria hört einen lauten Ruf des Höchsten, hebt Ihren Kopf und kniet sich wieder hin. Dann hebt sie Ihren Kopf und Ihr Gesicht scheint im weißen Mondlicht, umgestaltet, mit einem Lächeln im Gesicht; Sie ist in Ekstase. In Ihrer Ekstase wird Sie informiert, dass die Zeit der Geburt gekommen ist und all das Wissen über die Göttlichkeit und Menschlichkeit Ihres Sohnes, welches sie bereits vor und während ihrer neun monatigen Schwangerschaft erfahren hat, ist erneuert. Dann erhält Sie Neuigkeiten über wie die Geburt stattfinden wird und neues Licht und Gnade über wie Sie würdevoll Ihren Sohn dienen und ehren wird; der Allmächtige befiehlt Ihr Ihn wie den Sohn des ewiglichen Vaters zu behandeln und gleichzeitig als den Sohn Ihres Leibes.

Und das Licht um Sie herum wird heller und heller während die Engel in ihrem perlweißen Licht erscheinen um die Geburt des Sohn Gottes vorzubereiten. Aber ein bisschen des Lichtes kommt vom Himmel, vielleicht vom Thron seiner Majestät selbst, vor welchem Se in Ekstase kniet und auch von den Botenengeln.

Aber das hellste Licht scheint aus Ihrem Inneren zu kommen.

Ihr tief blaues Kleid ist nun voll von hellem, weißen Licht, das es in einem blassen Blau eines Vergissmeinnichts erscheinen lässt.

Ihre Hände und ihr Gesicht sind in einem klaren Blau unter dem Schein eines großen, blassen Saphirs.

Und dann verbreitet sich die klare, blaue Färbung selbst an den Dingen um Sie herum und bedeckt diese, Alles reinigend und erleuchtend, als ob das Paradis in diese kleine Höhle gekommen ist.

Eine Stunde lang ist Sie in Ekstase und wenn Sie wieder zu sich kommt, bemerkt und sieht Sie, dass Ihr Sohn begonnen hat sich zu bewegen und sich von Ihrem Leib befreit hat, aber Sie fühlte keine Wehen und keine Schmerzen, nur glückselige Freude und Wonne, welche Ihre Seele zu Höhen erheben, die jegliche Ekstasen übertreffen, die sie bis dahin erlebt hat, sodass es scheint, dass Sie nicht mehr Mensch sondern spiritualisiert ist.

Das Licht, das von Maria ausgeht, wird immer stärker und es absorbiert das Mondlicht und das Licht, das vom Himmel kommt, sodass Maria der Bewahrer alles Lichts ist. Es ist das Licht, dass Sie bald in die Welt bringen wird; das glückselige, unhaltsame, unmessbare, ewig göttliche Licht. Zuerst, erhebt sich der Morgenstern. Dann steig ein Chor von Lichtpunkten wie ein Strom, und mehr wie ein Räucherwerk. Und dann senken sie sich nieder wie ein großer Strom und verbreiten sich wie ein Schleier...

Die Wölbung der Höhle, die voll mit Löchern und Spinnweben war, die hervorquellt mit Schutt, das die Dunkelheit, den Rauch, und den Mist vorsichtig balanciert, nimmt nun den Anschein einer könglichen Halle an; jeder Fellsblock ist nun ein Block aus Silber, jeder Spalte ein opaler Strahl, jedes Spinnennetz ein kostbarer Baldachin verflochten mit Silber und Diamanten. Eine große, grüne Eidechse, die zwischen zwei Steinen überwintert, scheint wie ein smaragdes Juwel, dass von einer Königin vergessen wurde. Eine Gruppe überwinternder Fledermäuse sind nun ein wertvoller orientalischer Kronleuchter. Das Stroh der oberen Krippe sind nun pure Faden aus Silber, die glanzvoll durch die Luft schweben wie ein loses Haar.

Das dunkle Holz der unteren Krippe ist nun ein Block aus brüniertem Silber. Die Wände sind von einem Brokat bedeckt, in welchem die weiße Seide verschwindet unter der perligen Steckerei der Erleichterung und die Erde auf dem Boden ist nun ein von weißem Licht erleuchteter Kristall, der Überstand ist von Rosen überworfen in Huldigung, die Löcher sind wertvolle Becher gefüllt mit Perfume und Düften, die sich erheben und die Halle füllen.

Und das Licht wird immer noch breiter. Es ist nun so grell, dass es unerträglich ist anzuschauen und Maria verschwindet in so viel Licht, als ob Sie von einem glühenden Vorhang absorbiert worden ist……

In diesem Lichtvorhang, treten die Erzengel Michael und Gabriel hervor und stehen in respektvollem Abstand vor der knienden Maria, sie assistieren in der Geburt Christi; das Inkarnierte Wort durbricht die Wände des Mutterleibs mit göttlicher Kraft, sodass die Jungfräulichkeit unberührt bleibt und Ruhm fortwährt. Als es Mitternacht schlägt und die Nacht sich zum Sonntagmorgen wendet, als das brennend weiße Licht, viele Jahre später ganz verwandelt, wird er am Berg Tabor stehen. Heute, ist seine Verwandlung für Maria, sodass Sie Ihren Sohn sehen kann, Gott-Mensch, in seinem Ruhm, damit Sie die Ehrerbietung verstehen möge, die Ihm zusteht, welchen Sie als Sohn behandeln soll und auch als

Belohnung für Ihre Liebe und Treue; für Ihre reinen und unbefleckten Augen, die sich wegdrehten von allen erdlichen Dingen für die Lieber Ihres heiligsten Sohnes. Er wurde in Ehrerbietung empfangen in die wartenden Arme der zwei engelartigen Prinzen, von welchen sich Mutter und Sohn einander zum ersten Mal in die Augen blicken und in diesem ersten Blick ist Maria von Liebe umgeben, von dem Herzen Ihres Sohnes.

Dann in den Händen der Ängel und immer noch verwandelt, spricht der Säugling Jesus zu Seiner Mutter:

"Mutter, werde wie zu Mir, denn an diesem Tage, für die Existenz der Menschheit, welche du Mir heute gegeben hast, werde Ich Dir eine noch erhöhtere Existenz in Gnade gewähren, indem Ich deine Existenz als eine Kreatur zu einer Existenz meiner Art absorbiere, der ich bin Gott und Mensch."

Und die Mutter Gottes antwortet **Trahe me post Te, curremus in odorem unguentorum tuorum."** ("Erhöhe mich erhebe mich, Herr, ich werde dir in deinem Duft deiner Heilsalbe folgen.").

Und dann empfindet Maria die Gegenwart der heiligen Dreifaltigkeit in der Höhle und hört die Stimme des ewigen Vaters, welcher spricht **"Dies ist mein geliebter Sohn, um den ich mich erfreue und entzücke",** wie er es wieder sagen wird währen Seiner Taufe und auf dem Berg Tabor.

Dann hat Maria diese Bitte:

'Ewiger Vater und verherrlichter Gott, Herr und Erschaffer des Universums, gebe mir noch einmal Deine Erlaubnis und Wohlwollen das Verlangen der Nationen in meinen Armen zu erhalten und lehre mir, als unwürdige Mutter und niedrige Sklavin Deinen heiligen Willen.'

Und der ewige Vater antwortet:

"Empfange deinen in die Welt gesetzten Sohn, ahme Ihm nach und ziehe Ihn auf. Und vergess nicht, dass du Ihn opfern musst, wenn Ich es von Dir verlange."

'Betrachte die Kreatur deiner Hände; verziere mich mit Deiner Gnade, sodass Dein Sohn und mein Gott mich als seinen Sklaven empfange. Und falls du zu meiner Hilfe kommst in deiner Allmächtigkeit, werde ich treu in Seinem Dienste sein; und sehe es nicht als anmaßend an wenn deine bedeutungslose Kreatur, Ihren eigenen Herren und Erschaffer in ihren Armen hält und an ihrer Brust ernährt.

Nach diesem Austausch, verlässt das göttliche Kind seine Verwandlung, und erlässt und begrenzt diese Effekte seiner Ehre allein zu Seiner Seele und nimmt nun die Erscheinung an, die des Leidens fähig ist. In dieser Form Maria immer noch kniend betet Ihn an und dann empfängt Sie Ihn in ihren Armen aus den Armen der Ängel.

'Meine süßeste LIebe, Licht Meiner Augen und das Sein meiner Seele' sagt Maria zu ihrem Sohn 'Du bist zu einer guten Stunde in die Welt gekommen als die Sonne der Gerechtigkeit um die Dunkeltheit der Sünde und Tod zu verdrengen! Wahrer Gott des wahren Gottes, rette deine Diener und lass alle die Erlösung suchen zu Dir kommen. Empfange mich als Deinen Sklaven, stärke meine Schwächen, sodass ich dir dienen kann wie ich es soll. Lass mich, mein Sohn, wie du es willst in Deinem Dienste sein.'

Dann bietet Maria Ihren Sohn dem ewigen Vater an und sagt 'Verherrlichter Erschaffer des ganzen Universums, hier ist der Altar und das angebrachte Opfer in Deinen Augen. Von dieser Stunde an, oh Herr, blicke auf die Menschenrasse mit Gnade und obwohl wir deinen Zorn verdienen, ist es nun Zeit mit Deinem Sohn und meinem zufrieden zu sein. Lass nun deine Gerechtigkeit ruhen und Deine Gnade sei verherrlicht; denn in diesem Zustand hat sich das Wort selbst in sündvollem Fleisch bekleidet und ist nun ein Bruder der Sterblichen und Sünder. In diesem Sinne erkenne ich sie als Brüder und ich vermittle für sie aus meiner innersten Seele. Du, Herr, hast mich die Mutter deines in die Welt gesetzten Sohnes gemacht ohne meinen Verdienst, da diese Würde über den Verdiensten aller Kreaturen steht; aber ich schulde diese Menschen zum Teil diese unvergleichlich gute Glück, da ich deretwegen die Mutter des Mensch gewordenen Wortes und des Erlösers aller bin. Ich werde ihnen nicht meine Liebe verwehren oder meine Fürsorge und Wachsamkeit für ihre Erlösung erlassen. Empfange, ewiger Gott, meine Wünsche und Bitten zu Deinem Wohlwollen und Deiner Freude.'

Dann segnet die Mutter Gottes alle Menschen 'sei getröstet ihr Bekümmerten, erfreut euch ihr mit gebrochenen Herzen, erhebt euch ihr Gefallenen, setzt euch nieder ihr Ermüdeten. Lasst die Gerechten froh sein und die Heiligen frohlocken. Lasst die Engel jubeln und die Propheten und Patriarchen im Limbus neue Hoffnung schöpfen und lass alle Generationen den Herren loben und vergrößern, der Sein Wunder erneuert. Kommt ihr Armen, ihr Kleinen, ohne Angst, denn in meinen Armen trage ich das Löwen gewordene Lamm, die Allmächtigen werden schwach, die Unbesiegbaren unterdrückt. Kommt um Leben zu holen, eilt um Erlösung zu erhalten, nähert euch um ewige Ruhe zu gewinnen, da ich all dies für jeden habe und es zu jedem frei und ohne Neid gegeben wird. Seid nicht langsam und schweren Herzens, erlaub mir Deinen Kuss zu erhalten, nach dem jede Kreatur verlangt.

....als das Licht nun erträglicher wird, hält Maria Ihren neu geborenen in Ihren Armen. Eine kleine Pflaume, ein rosiges Kind. Es wuselt mit seinen kleinen Hände wie Rosenknospen und tritt um sich mit seinen kleinen Füßen, die in das Hohle einer Rose passen. Das Kind weint mit einer dünnen, zittrigen Stimme wie ein neugeborenes Lamm, das seinen kleinen Mund öffnet wie eine wilde Erdbeere und eine kleine Zunge zeigt, die gegen die rosige Decke seines Mundes zittert. Und er bewegt seinen kleinen, runden Kopf in der Höhlung der Hand seiner Mutter, der so blond ist und haarlos aussieht. Maria sieht ihr Kind an und verehrt Es, weinend und lächelnd zu gleicher Zeit.

Dann beugt sie sich um Ihn zwischen seine Brust zu küssen, nur knapp über dem kleinen Herzen, das für die Menschheit schlägt und gekommen ist um sie zu erlösen und welches eines Tages mit einem Speer durchbohrt wird. Un es scheint, dass Sie mit ihrem makellosen Kuss die Wunde im voraus verpflegt.

Und da die heilige Dreifaltigkeit selbst bei der Geburt geholfen hat, sind keine Engel im Himmel und diese kommen nun und verehren Ihren Erschaffer in seinem Gewand eines Pilgers. Und sie singen ohne Ende *"Gloria in excelsis Deo, et in terra pax hominibus bonae voluntatis"* in den süßesten Harmonien.

Der Ochse, der durch das blendende Licht aufgewacht ist, steht nun auf und stampft und grölt. Der Esel dreht seinen Kopf und brüllt. Er erkennt und verehrt den Sohn Gottes, welcher weggedreht ist und von den Menschen noch unerkannt ist.

Josef ist immer noch hingerissen und kommt nun zu sich und sieht ein fremdes Licht, das zwischen seinen Fingern auf sein Gesicht fällt. Er senkt seine Hände von seinem Gesicht, erhebt sich und dreht sich zu Maria, aber der Ochse verdeckt sie und spendet dem Kind Wärme. Maria ruft ihn 'komm, Josef.'

Josef eilt zu Ihr. Aber als er Sie sieht, hält er an, und er ist voll Ehrfurcht und er möchte gerade auf die Knie fallen aber

Maria besteht darauf. 'Komm, Josef' ruft Sie wieder sich auf die linke Hand stützend und mit der anderen hält Sie das Kind nah zu Ihrem Herzen... Dann erhebt Sie sich und geht auf Josef zu, der sich bewegt aber stehen bleibt. Er kann sich nicht entscheiden, ob er weiter gehen soll. Er hat das Verlangen Ihn zu sehen aber auch Ihn zu verehren.

Sie treffen sich am Fuße des Strohbetts und sie schauen sich einander an, weinend und lächelnd vor Freude.

'Komm, lass uns Jesus dem Vater entrichten' sagt Maria. Josef kniet sich hin währen Maria zwischen zwei stützenden Stämmen steht. Sie hebt Jesus in die Luft und sagt 'hier bin ich, in seinem Namen, oh Gott, spreche ich diese Worte zu Dir: hier bin ich um deinen Willen zu erfüllen. Und ich, Maria, und mein Mann, Josef. Hier sind deine Diener, oh Herr. Mögen wir Deinen Willen zu jeder Stunde erfüllen, in jedem Ereignis, für Deinen Ruhm und Deine Liebe.'

Dann beugt sich Maria nach vorne 'hier Josef, nimm Ihn' sagt Sie und gibt ihm das Kind.

'Was! Ich?...Ich?.... oh, nein! Ich bin nicht würdig.' stottert Josef in dem Gedanken Gott zu berühren.

'Du bist würdig' besteht Maria 'niemand ist würdiger als du. Deshalb hat der Höchste dich gewählt. Nimm Ihn, Josef, und halte Ihn, während ich die Leinen suche.'

Josefs Gesicht errötet sich und er streckt seine Arme und nimmt das Kind in seine Arme, welches schreit, da es kalt ist. Als Josef das Kind in seine Arme nimmt, besteht er nicht mehr darauf das Kind weit von sich zu halten aus Respekt, sondern hält Ihn an sein Herz und Tränen kommen aus seinen Augen, als er ruft 'Oh! Herr! Mein Gott!' und er beugt sich und küsst Seine kleinen Füße... und merkt, dass sie kalt sind.

Er setzt sich auf den Boden das Kind nah an seine Brust gepresst und nutzt seine Hände und braune Tunika um das Kind zu bedecken und zu wärmen, und Ihn vor der beißenden Kälte zu schützen und vor dem Wind der tiefen Winternacht. Er überlegt sich sich näher ans Feuer zu setzen aber dort kommt ein kalter Windzug durch die Tür. Also geht er zwischen den Ochsen und den Esel für Schutz und Wärme, mit seinem Rücken zu Tür, sich über das Kind beugend um einen warmen Unterschlupf für das Kind zu bilden, der von drei Seiten verschlossen ist. An einer Seite der Esel mit seinem grauen Kopf und langen Ohren. An der Anderen, der Ohcse mit seinem großen, weißen Maul, seiner dampfenden Nase und mit zwei sanften Augen.

Maria bringt die Leinen und die Kleider zum Wickeln, welche Sie aus dem Gepäckstück gehlt hat und das vom Feuer gewärmt worden ist. Sie wickelt das Kind in den warmen Leinen und nutzt Ihren Schleier um seinen Kopf zu schützen.

'Wo sollen wir Ihn nun legen?' fragt Sie.

Josef schaut denkend um sich....'Warte...' sagt er 'lass uns die Tiere und deren Stroh umsetzen. Dann werden wir das Stroh hier her bringen und es hier ausbreiten. Das Holz an der Seite wird Ihn von einem Zug schützen, das Stroh wirkt wie ein Kissen und der Ochse wird Ihn ein bisschen mit seinem Atem wärmen. Der Ochse, da er ein bisschen geduldiger und leiser ist als der Esel' und er fängt an die Höhle zu arrangieren.

Maria beruhigt das Kind, währen Sie es an Ihr Herz hält und ihre Backe auf seinen kleinen Kopf legt um es zu wärmen.

Josef nutzt das Feuer wieder um das Stroh zu trocknen, eine Handvoll nach der Anderen. Das getrocknete Stroh hält er an seine Brust um es warm zu halten. Wenn er genug für ein kleines Bett hat, geht er zu Krippe und füllt es wie eine Wiege. 'Es ist fertig' sagt er 'nun braucht Er eine Decke, da das Stroh sticht und auch um ihn zu zudecken.

'Nimm meinen Mantel' sagt Maria.

'Dir wird kalt sein'

'Oh! Das macht nicht aus! Die Decke ist zu rau. Der Mantel ist weich und warm. Mir ist nicht kalt. Lass Ihn nicht weiter leiden!'

Josef nimmt den weichen, dunkelblauen Wollmantel und faltet ihn in zwei und legt ihn auf das Stroh und lässt ein bisschen über die Krippe hängen. Nun ist ein erstes Bett bereit für unseren Erlöser. Maria mit ihrem süßen, anmutigen Gang geht zur Kripe und legt Ihn hinein und deckt Ihn mit dem Überhang des Mantels zu. Sie richtet es, sodass es auch seinen kleinen Kopf bedeckt, welcher nur von Ihrem Schleier geschützt wird. Nur sein kleines Gesicht in der Größe einer Faust eines Menschens bleibt unbedeckt.

Maria und Josef beugen sich über die Krippe mit einer glückseligen Freude und schauen Ihm zu wie Er schläft, zufrieden, da Ihm nun Warm ist wegen der Kleider und des Strohs.

Die Verehrung durch die Hirten

Als die Engel alle vor Ihn gekommen sind und den neugeborenen Erlöser verehrt haben, sind einige sofort weggeflogen um die frohe Botschaft in alle Orte zu tragen; der Erzengel Michael bringt eine besondere Nachricht zu Marias Eltern, Anna und Joachim im Limbus, wo sie zusammen mit den Patriarchen, Propheten, den Heiligen, und anderen Gerechten, die Erlösung erwarten, welche die Tore zum Paradis öffnen wird. Der Erzengel Michael bringt Anna und Joachim die Nachricht, dass ihre Tochter den, auf den sie gewartet haben, zur Welt gebracht hat, und den Propheten und Patriarchen bringt er die Neuigkeit der Erfüllung der Vorhersagung, die sie schon lange bevor vorausgesagt haben und auf dessen Erfüllung sie nun warten. Es gibt viel Freude und Singen in Anerkennung und Lob des Menschengotts.

Ein anderer Engel geht zu Elisabeth und ihrem Sohn und obwohl er schon sechs Monate alt ist, war er zuvor geheiligt, als die schwangere Maria Elisabeth besucht hat. Sie verbeugen sich in Anbetung des neugeborenen Königs und senden die Antwort durch den Engel, dass Maria Ihren Sohn in Elisabeths Namen verehren möge.

Ein anderer Engel wird in verschieden Ecken der Erde gesandt und bringt die Neuigkeiten zu denjenigen, die Gott informieren möchte; nach meridional Asien - heute die Türkei, Afghanistan und von Persien in die mongolischen Berge und die Region wo sich das Wasser des Nils erhebt.

Zurück in Betlehem ist die Nacht ruhig und der Mond ist an seinem höchsten Punkt angelangt und segelt geschmeidig über den dunkelblauen Himmel voller Sterne, die wie Diamanten funkeln. Ströme von Licht sinken von dem großen, weißen Mond und verbreiten sich über das ganze Land darunter, was die Erde weiß erscheinen lässt und die kahlen Bäume höher und dunkler gegenüber dem weißen HIntergrund. Und die niedriegen Mauern, die sich hier und da erheben, scheinen weiß wie Milch, ein kleines Haus in der Ferne erscheint wie ein Block aus Carraramarmor. In einer vierseitigen Abdeckung an der rechten Seite, die halb aus einer Dornbuschhecke und halb aus einer niedrigen Wand besteht, ist eine kleine, breite Hütte, halb gemauert, halb Holz; vielleicht ist es eine Veranda in den Sommermonaten.

Aus dem inneren der Hütte kann man kurzes, absatzweise Geblöcke eines kleinen Schaafes hören, das träumt und die Ankunft der Dämmerung spürt wegen des breiten Mondlichts. Das Mondlicht wird greller als ob der Mond auf die Erde segeln würde oder als ob er durch ein mysteriöses Feuer erleuchtet ist.

Aus der Tür der Hütte blickt ein Hirte gen Himmel und schützt seine Augen mit seinen Händen wegen des blendenden Lichts des unglaublich grellen Mondes, welcher noch breiter scheint, da der Hirte gerade aus der Dunkelheit getreten ist. Überrascht durch die Helligkeit des Mondes, ruft der Hirte seine Gefährten; eine Gruppe haariger Männer verschiedener Alter; manche mit grauen Haaren, manche gerade zwanzig Jahre alt und manche noch jünger. Sie versammeln sich an der Tür un begutachten diesen fremden Mond. Der zwölfjährige Levi fängt an zu weinen und einer der älteren Hirten stichelt ihn an.

'Wovor fürchtest du dich, du Narr?' sagt Elias, der Älteste. 'Kannst du nicht sehen das die Luft ruhig ist? Hast du noch nie ein klares Mondlicht gesehen? Du bist an die Schürze deiner Mutter gebunden oder? Aber es gibt noch viel für dich zu sehen... einmal bin ich zu den Bergen Lebanons gegangen... sogar weiter. Hoch hinauf. Ich war jung und wandern tat mir gut... und damals war ich reich... eines Nachts, sah ich ein Licht so breit, dass ich dachte Elijah käme zurück auf einem feuernen Triumphwagen. Und ein alter Mann - damals war er alt - sagte zu mir "ein großes Abenteur wir bald in der Welt geschehen." Es stellte sich heraus das es ein Misgeschehen war, da die römischen Soldaten kamen. Oh! Du wirst so viele Dinge sehen... falls du lang genug leben wirst.'

Aber Levi hört schon gar nicht mehr zu... er hat keine Angst mehr. Aus der Deckung eines breiten Hirten verlässt Levi den Eingang und geht ins Gras vor der Hütte, sieht gen Himmel und läuft wie in Hypnose. Dann ruft er 'Oh!' und hält an wie gefroren mit seinen Armen leicht ausgestreckt. Seine Begleiter schauen sich einander an, sprachlos. 'Was ist das Problem mit diesen Narren' trotzt einer.

'Ich werde ihn morgen zu seiner Mutter zurückschicken. Ich möchte nicht das ein Verückter die Schaafe bewacht' sagt ein Anderer.

Lasst uns gehen und sehen bevor wir ihn verurteilen' sagt Elias. Wecke die Anderen auf und bring eure Ruten. Es könnte ein wildes Tier oder ein Räuber sein...

Sie holen die anderen Hirten und fügen sich Levi mit Fackeln und Stöcken an.

'Dort, dort...' flüstert Levi lächelnd '...über dem Baum... schaut das Licht, das kommt. Es scheint durch einen Strahl des Mondes hinabzusteigen. Dort ist es, kommt näher. Wie schön es ist!'
'Ich kann nur ein eher breites Licht sehen.'

'Ich auch.'

'Ich auch' sagen die Anderen.

'Nein. Ich kann so etwas wie einen Körper sehen' sagt Elias.

'Es ist... es ist ein Engel' ruft Levi. 'Hier ist er. Er kommt herunter.. er kommt näher... Runter! Auf eure Knie vor dem Engel Gottes!'

'OOOOh! schreien die Hirten in Verehrung und fallen mit ihren Gesichtern zu Boden, die Älteren sind mehr zerborchen durch die Erscheinung. Die Jungen bleiben auf den Knien und schauen auf den Engel als dieser näher und näher kommt und dann mitten in der Luft stehen bleibt. Er schwebt über der Mauer der Abgrenzung; eine perlige Helligkeit mit seinen Flügeln in mitten des weißen Mondlichts.

'Habt keine Angst! Ich bringe gute Neuigkeiten. Ich verkünde die große Freude der Völker Israels und der ganzen Welt' sagt der Engel in einer Stimmer, die wie die Harmonie einer Harfe und das Lied einer Nachtigal klingt... 'Heute, in der Stadt Davids, ist der Retter geboren... ' sagt der Engel, der fröhlich seine Flügel ausbreitet als goldene Funken und wertvolle Steine einen triumphalen Regenbogen über der Hütte bilden.

'...der Retter, der Christus ist' sagt der Engel als er weiter erstrahlt mit seinen Flügeln nun still und nach oben deutend wie zwei Segel, die entflammt gen Himmel steigen.

'... Christus der Herr!' endet der Engel, de seine funkelnden Flügel hinter seinen Körper faltet, als ob sie ihn wie einen Mantel aus Diamanten auf einem Kleid bedecken. Und er verbeugt sich in Anbetung, seine Arme über seine Brust gekreuzt, sein Kopf gesenkt, und verschwindet im Schatten der gefalteten Flügel und bleibt eine bewegungslose, helle Figur für einen Augenblick.

Dann regt er sich, breitet seine Flügel aus, erhebt seinen Kopf und mit einem breiten, himmlischen Lächeln sagt er 'Ihr werde Ihn in einem armen Stall hinter betlehem finden; das Kind ist in Kleider gewickelt in einer Krippe fürü Tiere...' und der Engel wird ernst...'da kein Dach für den Messias in der Stadt Davids gefunden wurde' endet er traurig.

Und dann erscheint eine Leiter von Engeln aus dem Himmel, die alle jauchzen. Und ihr himmlisches Licht dimmt das Mondlicht. Sie versammeln sich um den Engelsboten mit ihren flatternden Flügeln, hauchen Perfüme, spielen musische Noten, die die wunderschönsten Stimmen der Kreaturen in eine einheitliche Perfektion heben um den Menschen eine Vorahnung der Schönheit Gottes zu geben,

der Schönheit des Paradises...
Und der Glanz der Engel breitet sich ruhig über das Land aus immer weitere Kreise ziehend. Und die Vögel im frühen Lichte, fangen an zu singen. Und die Schaafe blöken dazu in der morgentlichen Sonne. Und wie der Ochse und der Esel, verehren und empfangen die Tiere ihren Erschaffer unter ihnen als Gott und als Mensch.
Der Gesang und das Licht erlischen langsam als die Engel gen Himmel steigen...
Die Hirten kommen wieder zu sich...

'Habt ihr das gehört?'

'Sollten wir uns auf den Weg machen und sehen?'

'Und was ist mit den Tieren?'

'Oh! Ihnen wird nichts passieren! Wir werden Gottes Wort folgen!...'

'Aber wo sollten wir hingehen?'

'Hat er nicht gesagt, dass er heute geboren wurde? Und dass sie keine Unterkunft in Betlehem gefunden haben? sagt Elias 'Kommt mit mir. Ich weiß wo Er ist. Ich habe die Frau gsehen und Mitleid mit Ihr gehabt. Ich habe ihnen gesagt wo sie hingehen sollen um Ihretwillen und ich habe dem Mann ein bisschen Milch gegeben für Sie. Sie ist so jung und schön.. und Sie muss so gut und liebenswürdig wie dies Engel sein. Kommt, lasst uns gehen und bring ein bisschen Milch, Käse, Lamm und gebräuntes Fell. Sie müssen sehr arm sein und ich wundere mich wie kalt Er sein muss, dessen Namen ich nicht wagge zu sprechen. Und denkt nur! Ich habe zu der Mutter wie zu einer armen Frau gesprochen!...'

Sie gehen zurück in die Hütte und kehren nach kurzer Zeit mit kleinen Flaschen mit Milch, rundem, löchrigen Käse, blökenden Lämmern in Körben und ein paar gebräunten Fellen zurück.

Sie schließen die Hütter hinter sich und machen sich mit Fackeln im Mondlicht auf den Weg durch das Land zwischen Dornbüschen, die kahl vom Winter sind. Sie nehmen eine Route um Betlehem herum und finden die heilige Familie als erstes ohne die anderen Stallgebäude zu passieren. Alle zwölf gehen auf die Höhle zu.

'Geh rein.'

'Ich würde es nicht wagen.'

'Du gehst rein.'

'Schau wenigstens.'

'Du Levi hast den Engel als erstes gesehen also bist du offensichtlich besser als wir. Schau rein.'

Levi zögert. Dann entscheidet er sich der Höhle zu nähern, bewegt den Mantel ain bisschen zur Seite und schaut herein... er bleibt hingerissen.

'Was siehst du?' fragen sie ängstlich.

'Ich sehe eine wunderschöne, junge Frau und einen Mann, der sich über die Krippe beugt und ich höre... ich höre ein kleines Kind weinen und die Frau spricht zu ihm in einer Stimme...oh! Was für eine Stimme!'

'Was sagt sie?'

'Sie sagt "Jesus, mein kleiner! Jesus, Liebe deiner Mutter! Wine nicht, mein kleiner Sohn." sie sagt: "Oh! Wenn ich Dir nur sagen könnte 'nimm ein bisschen Milch, mein Kleiner.' Aber ich habe noch keine Milch." Sie sagt "Du bist so kalt, mein Lieber! Und das Stroh sticht Dich! Wie schmerzhaft es ist für Deine Mutter dich weinen zu hören ohne Dir helfen zu können!" Sie sagt: "Schlaf Meine Seele! Da es mein Herz bricht dich weinen und in Tränen zu sehen!" und Sie küsst Ihn und Sie wärmt Seine kleinen Füße mit Ihrer Hand, da Sie mit Ihren Händen über die Krippe gebeugt ist.'

'Ruf Sie! Lass sie von dir hören.'

'Das werde ich nicht tun. Du solltest Sie rufen, da du uns hier her gebracht hast und du Sie kennst!'

Elias öffnet seinen Mond. Aber er stöhnt nur kraftlos.

Josef dreht sich und geht zur Tür.

'Wer seid ihr?' fragt er.

'Hirten... Wir haben Essen und Wolle gebracht. Wir kommen um den Erlöser zu verehren.'

'Kommt herein.'

Die älteren Männer schubsen die jüngeren vor sich und sie treten alle ein und erleuchten den Stall mit ihren Fackeln. 'Kommt' sagt Maria, als Sie sich umdreht und lächelt. 'Kommt nur' sagt sie wieder immer noch lächelnd und winkt einladend mit Ihrer Hand. Sie zieht Levi zu sich an die Krippe und er schaut hinein und ist glücklich. Josef lädt die Anderen ein, die nun mit ihren Geschenken hervortreten und diese neben Marias Füße legen und ein paar Worte sagen. Dann schauen sie das Kind an, welches ein bisschen weint und sie lächeln berührt und vor Freude.

'Mutter, nimm diese Wolle' sagt einer der mutigeren Hirten 'sie ist weich und rein. Ich habe sie für mein Kind, das bald geboren wird, vorbereitet. Aber ich biete es Dir an. Lege Deinen Sohn in diese Wolle. Sie ist weich und warm.'

Maria nimmt die dicke, schöne, weiche, weiße Schaafswolle, hebt Jesus und wickelt die Wolle um Ihn herum. Dann zeigt Sie Ihn zu den Hirten, die Ihn kniend verzückt ansehen!

Nun mutiger werdende schlägt ein Hirte vor: 'Er sollte einen mundvoll von Milch bekommen. Noch besser, ein bisschen Wasser und Honig. Aber wir haben keinen Honig. Wir geben es den kleinen Säuglingen. Ich habe sieben Kinder, und ich weiß...'

'Hier ist etwas Milch. Nimm sie Frau.'

'Aber sie ist kalt. Sie sollte warm sein. Wo ist Elias? Er hat die Schaafe.'

Aber die Schaafe sind draußen mit Elias, der von außen in die Höhle sieht und ungesehen in der Dunkelheit steht.

'Wer hat euch hier her geführt?'

'Ein Engel hat uns gesagt, dass wir kommen sollen und Elias hat uns den Weg gezeigt. Aber wo ist er jetzt?'

Das Schaaf blökt und verkündet seine Anwesenheit.

'Komm herein. Man verlangt nach dir.'

Elias tritt ein mit seinem Schaaf und alle schauen auf ihn, sodass er sich schämt.

'Du bist es!' sagt Josef, der ihn als den Hirten erkennt, der ihnen Milch auf dem Weg gegeben hat. Maria lächelt und sagt 'Du bist gütig.'

Sie melken das Schaaf, tauchen den Saum eines Leinenstückes in die warme, kremige Milch und Maria benetzt die Lippen des Kindes, das anfängt an der süßen Creme zu nuckeln. Alle lächeln bei diesem Anblick. Und sie lächeln noch mehr als Jesus einschläft umgeben von warmer Wolle mit einem Stück Leinen noch zwischen Seinen Lippen.

'Aber ihr könnt hier nicht bleiben. Es ist kalt und feucht. Und es stinkt zu sehr nach Tieren. Es ist nicht gut... nicht gut für den Erlöser.'

'Ich weiß' sagt Maria zustimmend mit einem Seufzer. 'Aber es gibt keinen Platz für uns in Betlehem.'

'Mach dir keine Sorgen Frau. Wir werden Dir ein Haus finden.' Ich werde es meine Herrin sagen', sagt Elias 'Sie ist gütig. Sie wird Dich empfangen selbst wenn sie Dir ihr eigenes Zimmer geben müsse. Sobald es hell wird, werde ich es ihr sagen. Ihr Haus ist voller Leute, aber sie wird Platz für Dich finden.'

'Wenigstens für mein Kind. Josef und ich können auch auf dem Boden liegen. Aber für den Kleinen...

'Mache dir keine Sorgen Frau. Wir werde es sehen. Und wir werden vielen Leuten erzählen was uns gesagt worden ist. Euch wird nichts fehlen. In der Zwischenzeit, nehmt was wir armen Hirten Euch anbieten zu haben...'

'Wir sind ebenfalls arm... wir werden euch nicht belohnen können' sagt Josef.

'Oh! Wir wollen das nicht! Selbst wenn ihr es euch leisten könntet, würden wir es nicht wollen. Der Herr hat uns schon belohnt. Er hat uns allen Frieden versprochen. Der Engel sagte: "Frieden den Menschen guten Willens." Aber er hat uns schon Frieden gegeben da der Engel sagte, dass dieses

Kind der Retter, der Christus, der Herr ist. Wir sind arm und unbildet. Aber wir wissen, dass die Propheten sagen, dass der Retter der Prinz des Friedens sein wird. Und er hat uns gesagt zu kommen und Ihn zu verehren. Deswegen hat er uns Frieden gegeben. Ruhm sei Gott im Himmel und Ruhm zu seinem Christus hier. Und du bist gebenedeit, Maria, die du Ihn geboren hast: Du bist heilig, weil du würdig warst Ihn zu tragen. Gebe uns Befehle als usnere Königin, weil wir Dir gerne dienen. Was können wir für Dich tun?'

Ihr könnt Meinen Sohn Lieben und immer dieselben Gedanken hegen, die ihr im Moment habt.'

'Aber was ist mit Dir? Wünscht Du Dir irgendwas? Hast du keine Verwandte, denen du über diese Nachricht informieren möchtest?'

'Doch die habe ich. Aber sie sind weit weg in Hebron.'

'Ich werde mich auf den Weg machen' sagt Elias 'wie heißen sie?'

'Zacharias der Priester und meine Kusine Elisabeth.'

'Zacharias? Oh! Ich kenne ihn gut. Ich gehe hoch in die Berge in den Sommer Monaten, da dort die Weiden üppig sind und die Landschaft schön ist und ich kenne seinen Hirten. Sobald ich weiß, dass du versorgt bist, werde ich Zacharias besuchen.'

'Danke Elias.'

'Danke nicht mir. Es ist mir eine große Ehre als Hirte zu einem Priester zu gehen und ihm dies Nachricht zu verkünden: "Der Erlöser ist geboren."'

'Nein. Du musst ihm sagen "Deine Kusine, Maria von Nazareth, sagt, dass Jesus geboren wurde und dass er nach Betlehem eilen soll."'

'Das werde ich sagen.'

'Möge Gott dich belohnen. Ich werde mich an dich erinnern Elias, und jeden einzelnen von euch.'

'Wirst du deinem Kind von uns erzählen?'

'Das werde ich sicherlich.'

'Ich bin Elias.'

'Und ich bin Levi.'

'Und ich bin Samuel.'

'Und ich bin Jonah.'

'Und ich bin Isaac.'

'Und ich bin Tobias.'

'Und ich bin Jonathan.'

'Und ich bin Daniel.'

'Und ich bin Simeon.'

'Mein Name ist Johannes.'

'Ich bin Josef und das ist mein Bruder Benjamin. Wir sind Zwillinge.'

'Ich werde mir eure Namen merken.'

'Wir müssen gehen... aber wir werden zurückkehren... und wir werden andere bringen, die Ihn verehren werden.'

'Wie können wir zurück zur Schaafsherde gehen und das Kind zurücklassen?

'Ehre sei Gott, der uns Ihn gezeigt hat.'

Lâsst du uns sein Kleid küssen? fragt Levi mit einem ängelsgleichen Lächeln. Maria hebt Jesus vorsichtig und setzt Ihn ins Stroh. Dann wickelt Sie Seine kleinen Füße in Leinen und bietet Ihn zum Küssen an. Und die Hirten verbeugen sich zum Boden un küssen die kleinen Füße, die in Leinen verwickelt sind. Diese mit einem Bart säubern ihn erst und fast jeder weint. Josef lehnt sich an die Krippe und verehrt diesen Moment. Als die Zeit gekommen ist zu gehen, laufen die Hirten rückwärts und lassen ihre Herzen dort...

Die Beschneidung

Seit der Verkündigung, hat Maria über das bevorstehende Leiden Ihres süßen Sohnes nachgedacht und da Sie die Schrift gut kennt, ist diese vorhergesehene und erwartete Sorge ein verlängertes Martyrium.

Aber bezüglich der Beschneidung Ihres Kindes hat der ewige Vater ihr noch keine Aufklärung gegeben. Weisheit und Demut halten Sie davon ab Gott oder die Ängel, die sie zu jeder Zeit beschützen, zu fragen. Aber Sie betet um Erleuchtung.

Sie weiß, dass die Beschneidung ein Ritus ist, der zur Reinigung von der Erbsünde des Neugeborenen dient. Jedoch ist ihr göttliches Kind frei von jeglicher Sünde und ihre mütterliche Liebe verlangt, dass Ihr Sohn davon befreit wird, falls es möglich ist. Aber Sie schlussfolgert, dass Ihr Sohn das Gesetz ehren und bestätigen muss und er für alle Menschen leiden muss, also wäre er durch Seine brennende Liebe beschränkt den Schmerzen der Beschneidung zu untergehen.

Dann berät Sie sich mit Josef und sie stimmen beide zu, dass die Zeit der Beschneidung gekommen ist und da sie keine Befehle erhalten haben die das Gegenteil sagen, ist es notwendig, dass sie das Gesetz, welches durch Gott selbst in Kraft gesetzt wurde, einhalten, obwohl Gott, das inkarnierte Wort, sich nicht dem Gesetz unterwerfen muss, als Mensch und als perfekter Lehrer und Erlöser würde er sich wünschen sich an die Erfüllung des Gesetzes der Menschen zu halten.

Josef fragt Maria wie die Beschneidung stattfinden soll und Maria wünscht sich, dass Ihr Sohn nicht in die Hand eines anderen gegeben wird und dass Sie Ihn selbst in Ihren Armen halten möchte. Die Sanftigkeit des Kindes könnte Ihn sensibler gegenüber den Schmerzen machen im Vergleich zu anderen Kindern. Also bereiten sie schmerzlindernde Medizin vor für seine Schmerzen, eine kristallene Schüssel für das heilige Relikt der Beschneidung und Maria bereitet die Leinentücher vor um das heilige Blut, das zum ersten Mal für die Erlösung der Menschen vergossen wird, aufzufangen.

Josef informiert den Priester und bittet ihn in die Höhle zu kommen, wo er als würdiger Diener diesen Ritus mit seinen priesterlichen Händen vollziehen soll.

Dann beraten sich Maria und Josef welchen Namen ihr göttlicher Säugling während der Beschneidung erhalten soll. 'Meine Frau' sagt Josef 'Als der Engel mir von diesem großen Sakrament erzählte, sagte er mir auch, dass Dein heiliger Sohn "Jesus" genannt werden soll.'

'Dies ist der Name, der mir gezeigt wurde als er Fleish geworden ist in meinem Leibe; und da uns dieser Name von dem Höchsten selbst und seinen Dienern gegeben wurde, ist es passend, dass wir in demütiger Ehrfurcht die unendliche Weisheit Gottes folgen und wir Ihn "Jesus" nennen.'

Während Josef und Maria reden, kommen unzählige Engel in menschlicher Form vom Himmel herab, steigen in die Höhle gekleidet in scheinenden Gewändern mit roten Stickereien. Sie haben Palmenblätter in ihren Händen und Kronen auf ihren Köpfen und strahlen vor Helligkeit mehr als viele Sonnen. Am hellsten ist die Beschichtung, die sie auf ihrer Brust tragen, die den Namen "Jesus" eingraviert hat. Diese Beschichtung überstrahlt den Glanz aller Engel zusammen und die Vielfalt und Schönheit der Gravierung ist einzigartig und exquisit.

Mit ihren Augen auf des Kind, das von Seiner Mutter getragen wird, fixiert, verteilen sich die Engel in zwei Chöre in der Höhle, jeweils geleitet von Michael und Gabriel, die heller scheinen als der Rest und den Namen "Jesus" auf schimmernden Karten von unvergleichlicher Schönheit in ihren Händen tragen.

Michael und Gabriel selbst sprechen zu Maria, Josef als Zeuge, und sie sagen:

"Frau, dies ist der Name Deines Sohnes, welcher in den Gedanken Gottes zu aller Ewigkeit für den menschgewordenen Sohn, unseren Herren, bestimmt ist, als Zeichen der Erlösung der Menschen; er soll erfolgreich am Throne Davids regieren; Seine Feinde werden Seine

Fußlehne sein und seine Freunde wird er zu seiner Rechten in Ruhm erhaben. Und all dies geschieht zum Preis seines Leidens und Blutes.... sogar jetzt wird er bluten um seinen Namen zu erhalten...und dies soll der Anfang seines Leidens in Gehorsam des Willens seines ewigen Vaters sein....

....Wir sollen Ihn begleiten und Ihm dienen bis er triumphal ins himmlische Jerusalem aufsteigt und die Tore des Himmels öffnet;........danach werden wir einen besonderen Ruhm genießen noch mehr als die anderen Gesegneten, welchen solche Abzüge nicht gewährt wurden.

Josef versteht die Geheimnisse der Erlösung mehr als die meisten Menschen aber er versteht es nicht auf dieselbe Weise wie Maria.

Am Tage der Beschneidung, kommt der Priester in Begleitung zweier Beamter zu der Höhle, wo er den Säugling in Marias Armen sieht. Der Priester ist zunächst von der Unhöflichkeit dieses Lebens überrascht aber Maria heißt ihn wilkommen und spricht mit solch einem Anstand und solch einer Gnade, dass er seine Hemmungen schnell in Bewundering ändert wegen ihrer noblen Haltung, welche ihn gemäß der armen Verhältnisse verwundert. Und dadurch ist er zur Andacht und Zärtlichkeit bewegt und beginnt mit seiner Pflicht den Säugling zu beschneiden.

Im Moment der Beschneidung opftert das Gotteskind drei Opfer der Liebe zu Seinem Vater im Namen der

Menschheit: Er nimmt die Bedingung eines Sünders unbehindert an. Er bietet seine Bereitschaft die Schmerzen der Beschneidung zu erleiden als wahrer und perfekter Mensch an. Als letztes opfert Er Seine Liebe der menschlichen Rasse, für welche er sein Blut als Dank für den ewigen Vater gibt, der ihm die natürliche Gabe Schmerzen zu erleiden zu seinem Ruhm gegeben hat.

Das Messer für die Beschneidung besteht aus Flint und der zugeführte Schmerz ist schlimm. In Wahrheit seiner Menschlichkeit, vergießt der Säugling Tränen. Trotz der Zartheit seiner Haut und Rauheit des Messers, fließen die meisten Tränen durch das Wissen des Kindes über die Hartherzigkeit der Menschen, noch mehr als durch den Flint. Diese ersten Früchte Seines Blutes, die durch das verkörperte Wort geopfert werden, werden vom Vater als Versprechen akzeptiert, welches das Kind gibt um alle Schulden der Söhne Adams zu vernichten.

Maria realisiert diese inneren Handlungen Jesu und sie handelt als eine besorgte Mutter ihres Sohnes in Seinem Leiden. Und Sie weint beidseitiger Liebe und Mitleid. Mutter und Kind halten fest zusammen... sie streichelt Ihn an Ihrer junfräulichen Brust und fängt das heilige Relikt seines tropfenden Blutes in einem Tuch.

Dann fragt der Priester welchen Namen sie dem Kind geben möchten. Maria dreht sich zu Josef und Josef zu Ihr und dann sagen sie zu gleicher Zeit

"JESUS ist sein Name.'

'Die Eltern stimmen beide einmütig zu und großartig ist der

Name, welcher dem Kinde gegeben wird' sagt der Priester.

Und er trägt den Namen in den Register der Kindernamen ein. Als er jedoch den Namen schreibt, ist er sehr bewegt und reichliche Tränen fließen aus seinen Augen, die er weder verstehen noch erklären kann. Dann sagt er 'dieses Kind wird ein großartiger Prophet des Herren. Kümmert euch sehr um Sein Aufziehen und sagt mir auf welche Weise ich euch helfen kann.'

Das heilige Paar dankt ihm gnädig, bietet ihm Kerzen und andere Artikel an und dann entlassen sie ihn. Sie bringen die Medizin, die sie für Jesus bekommen haben, an die Wunden an und währen Er heilt, hält Maria Ihn in Ihren Armen, Tag und Nacht und verlässt Ihn nicht einmal für einen Moment.

Zacharias Besuch

Zacharias ist nun an dem Haus angekommen, das so freundlich war die Heilige Familie einziehen zu lassen. Die Hausbesitzerin läuft zum Eingang und begrüßt den ankommenden Gast. Sie zeigt ihn zu einer Tür, klopft und entschuldigt sich dann freundlich.

Josef öffnet die Tür und schluchzt vor Freude, als er Zacharias sieht. Er bringt Zacharias in ein kleines Zimmer, so klein wie ein Korridor. 'Maria stillt das Kind. Es wird nicht lange dauern' sagt Josef. Er macht für Zacharias auf der Liege platz. 'Setz dich' sagt er ' du musst bestimmt müde sein.' Zacharias setzt sich hin und Josef setzt sich neben ihn.
'Wie geht es dem kleinen Johannes?' fragt Josef.

'Er wächst so stark wie ein kleines Fohlen. Aber er zahnt nun und leidet ein bisschen darunter. Deswegen wollten wir ihn nicht bringen. Es ist sehr kalt, weswegen Elisabeth auch nicht kommen konnte. Sie konnte ihn nicht ohne Milch lassen. Sie war sehr aufgebracht. Aber die Jahreszeit ist barsch!'
'Der Mann der mich zu dir geschickt hat sagte mir dass ihr obdachlos seid als Er geboren wurde. Ihr musstet gewiss viel erleiden.'

'Ja ziemlich. Aber unsere Angst war größer als unser Unbehagen. Wir machten uns sorgen um die Gesundheit unseres Kindes. Und wir mussten dort verweilen für die ersten Tage. Wir vermissten nichts für uns selbst, da die Hirten die gute Nachricht zu den Leuten von Betlehem gebracht haben und viele uns Geschenke brachten. Aber wir hatten kein Haus... nicht einmal ein annehmbares Zimmer... ein Bett... und Jesus weinte sehr viel, besonders in der Nacht, wenn dir Wind von allen Seiten wehte. Ich machte immer ein kleines Feuer... nur ein kleines, de der Rauch Jesus zum Husten brachte... und es war immernoch kalt. Zwei Tiere spenden nicht genug Wärme, besonders nicht wenn die kalte Luft von allen Seiten kommt!...

...Wir hatten kein warmes Wasser um Ihn zu waschen. Und wir hatten keine trocknen Kleider um Ihm die Sachen zu wechseln. Ja, er hat wirklich viel gelitten!

... Und Maria litt darunter, dass Sie Ihn leiden sah. I litt... also kannst du dir nur die Sorgen Seiner Mutter vorstellen! Sie fütterte Ihn mit Milch und Tränen... Milch und Liebe. Alles ist viel besser hier. ... Ich hatte Ihm so eine komfortable Wiege gemacht und Maria fütterte die Wiege mit einer Art weichen Matratze. Aber sie ist in Nazareth! Ah! Wäre er doch nur dort geboren, die Dinge wären viel anders gewesen!'

'Aber Christi Bestimmung war es in Betlehem geboren zu werden. So war es prophezeit.'

Maria hört ihre Stimmen und kommt herein, in weiße Wolle gekleidet, ohne einen Schleier und mit Jesus in Ihren Armen. Er schläft in Seiner weißen Kleidung.
Zacharias erhebt sich erwürdig und verbeugt sich in Anbetung. Dann, kommt er mit Respekt näher und verbeugt sich in Huldigung, als Maria ihm das Kind anbietet. Und dann, immer

Sie setzen sich alle hin.

Zacharias erklärt nun Maria, warum Elisabeth nicht kommen konnte und wie verärgert sie darüber war. 'In den letzten Monaten, hat sie ein paar Leinentücher für Deinen gesegneten Sohn gemacht. Ich habe sie mitgebracht. Sie sind unten im Karren.' sagt Zacharias und erhabt sich um sie zu holen.

Er kommt mit einem großen und einem kleinen Päckchen zurück. Josef nimmt ihm das schwerere ab. Zacharias packt die Geschenke des kleineren Päckchens aus: eine handgesponnene Wolldecke, ein paar Leinen und ein kleines Kleidchen.

Und im größeren Päckchen: ein bisschen Honig, schneeweißes Mehl, Butter, Äpfel für Maria, Elizabeths gebackene Kuchen und viele andere Gegenstände der mütterlichen Liebe der dankbaren Kusine für die junge Mutter.
'Bitte sage Elizabeth, dass wir ihr sehr dankbar sind, wie ich auch dir dankbar bin. Ich wäre so glücklich gewesen sie zu sehen, aber ich verstehe die Situation. Und ich hätte auch den kleinen Johannes gerne gesehen...' sagt Maria zu Zacharias.
'Aber wir werden ihn im Frühling sehen. Wir werden kommen und Dich sehen.'
'Nazareht ist viel zu weit' merkt Josef an.

'Nazareth? Aber ihr müsst hier bleiben. Der Messias muss in Betlehem aufwachsen, in der Stadt Davids. Der Höchste durch des Kaisers Willen hat Ihn zur Stadt im Lande Davids gebracht, das Heilige Land von Judäa. Warum soll er nach Nazareth? Ihr wisst welche Meinung die Juden über die Nazaräer haben. Dieses Kind soll in Zukunft der Erlöser Seines Volkes sein. Die Hauptstadt darf den König nicht verachten, da Er von einem verschmähten Land kommt. Du weißt genauso wie ich wie verachtend der Hohe Rat ist und wie hochnäsig ihre Hauptdarsteller sind....

......Und dann, hier, in der Nähe von mir, werde ich dir irgendwie helfen können, und ich lege alles nicht in materielle Dinge aber in moralische Geschenke zum Dienste des neugeborenen Kindes....

....Und wenn er alt genug ist um zu lernen, werde ich gerne Sein Lehrer sein...genauso als wäre er mein eigener Sohn, sodass wenn er groß ist, er mich segnen möge...

...Wir müssen bedenken, dass er für große Dinge bestimmt ist...und daher muss er mit allen Wassern gewaschen sein um seine Position in dieser Welt einzunehmen um Sein Spiel zu gewinnen...

...Er wird sicherlich eine große Weisheit besitzen. Aber der einfache Fakt, dass er von einem Priester unterrichtet wurde wird ihm zustimmung unter den schweren Pharisäern und Schriftgelehrten geben und seine Mission einfacher machen.'

Maria schaut Josef an und Josef schaut Sie an in einem stillen

Austausch von Fragen über dem rosigen, unschuldigen Kopfe des schlafenden Kindes. Und diese Fragen sind voller Traurigkeit, als Maria über Ihr kleines Haus denkt und Josef über seine Arbeit. Und beide wundern sich wie sie hier einen neuen Anfang machen werden, wo nur vor wenigen Tagen kein Mensch sie kannte. Hier haben sie keine ihrer geliebten Sachen, die sie Zuhause gelassen haben und für das Kind mit Liebe vorbereitet haben.

'Wie können wir das tun?' fragt Maria 'Wir haben alles dort gelassen. Jesus hat so schwer für Meinen Jesus gearbeitet und weder Mühen noch Geld gespart; er hat nachts gearbeitet, sodass er tagsüber für jemand anderen arbeiten könne und somit dass beste Holz, die weicheste Wolle und die feinsten Leinen kaufen könne und alles für Jesus vorzubereiten.... er hat Bienenstöcke gebaut und hat sogar als Maurer gearbeitet um das Haus zu modifizieren, sodass die Wiege in mein Zimmer passt und dort bleibt bis Jesus groß geworden ist und dann kann die Wiege von einem Bett ersetzt werden, weil Jesus mit mir bleibt bis er ein Erwachsener wird.'

'Josef kann gehen und holen was ihr dort gelassen habt.'

'Und wohin werden wir die Sachen stellen? Du weißt, Zacharias, dass wir arm sind. Wir haben nur unsere Arbeit und unser Zuhause. Und beides erlaubt uns ohne zu hungern zu leben. Aber hier... werden wir vielleicht Arbeit finden. Aber wir werden immer das Problem haben ohne ein Haus zu sein. Diese gute Frau kann uns nicht immer diese Gastfreundlichkeit darbringen. Und ich kann nicht Josef mehr leiden lassen als er jetzt schon erlitten hat nur um meines Willens!'

'Oh! Ich! Es ist nichts für mich! Ich mache mir Sorgen um Marias Kummer... Ihr Kummer nicht in Ihrem eigenen Hause zu leben...'

Zwei große Tränen fließen von Marias Augen.
'Ich denke das Haus muss Ihr so lieb sein wie das Paradies wegen des Mysteriums, dass dort vollzogen wurde. Ich spreche wenig, aber ich verstehe viel. Ich würde nicht verärgert sein, wenn dies nicht der Grund wäre. Ich werde doppelt so viel arbeiten, das ist alles. Ich bin jung und stark genug um doppelt so viel zu arbeiten und mich um alles zu kümmern. Und falls Maria nicht zu viel leidet... und falls du sagst, dass wir das tun müssen... hier bin ich. Ich werde tun was immer du denkst am besten ist. Gegeben, dass es Jesus helfen wird.'
'Es wird gewiss helfen. Denkt darüber nacht und ihr werdet die Gründe sehen.'
'Es wurde aber auch gesagt, dass der Messias Nazaräer genannt werden würde...' protestiert Maria.

'Das ist wahr. Aber lass Ihn wenigstens bis Er groß wird in Judäa aufwachsen. Der Prophet sagt: "Und du Betlehem Ephrathah, wirst am größten sein, weil aus dir der Erlöser kommt." Er spricht nicht über Nazareth. Vielleicht wurde Ihm dieser Titel gegeben ohne dass wir den Grund kennen. Aber dies ist Sein Land.'
'Du sagst es so, Priester, und wir... wir hören dir mit traurigen Herzen zu und glauben dir. Aber wie schmerzhaft es doch ist!... Wann werde ich das Haus sehen wo ich eine Mutter wurde?' fragt Maria leise weinend.

Die Vorstellung Jesu im Tempel

es für einen Vater angemessen ist, dass was er genossen hat, immer und immer wieder zu wiederholen, so wurde das Gesetz der Vorstellung des erstgeborenen Sohnes erstellt, sodass die gerechten Menschen aus Israel für immer ihre erstgeborenen Söhne zum Gott dem Vater wiehen in der Erwartung, dass einer von ihnen der Menschengott, von welchem Gott gleichzeitig derselbe und der Vater ist. Maria versteht dies und am Abend der Vorstellung betet Maria zum Vater:

'*Mein Herr und höchster Gott, Vater meines Herren, ein festlicher Tag für den Himmel und die Erde wird es werden wenn ich Dir in Deinen Tempel die lebendige Hostie und den Schatz Deiner Göttlichkeit bringe und Ihn dir opfere. Reich, oh mein Herr und Gott, ist diese Opfergabe und Du kannst als Gegenleistung deine Gnaden über die Rasse der Menschen ausschütten; vergebe den Sündern, tröste die Betrübten, helf den Bedürftigen, bereichere die Armen, stärke die Schwachen, erleuchte die Blinden und begegne jene, die vom Weg abgekommen sind. Dies ist was ich im Opfern von Dir verlange, deinem Einziggeborenen, der, durch deine gnädige Kondensation auch mein Sohn ist.*

Wenn Du Ihn mir als Gott gegeben hast, werde ich Ihn Dir als Gott und als Mensch zurückgeben. Sein Wert ist unendlich groß und was ich von Dir verlange ist viel geringer. In Fülle werde ich in Deinen heiligen Tempel zurückkehren, welchen ich in Armut verließ. Und Meine Seele möge dich für immer vergrößern, weil Deine göttliche, rechte Hand sich mir so frei und machtvoll gezeigt.'

Die Heilige Familie macht sich auf dem Weg zum Tempel und wird wie immer von zehn tausend starken Schutzengeln begleitet und noch vier tausend anderen, die vom Himmel für dieses Ereignis geschickt wurden.

Maria ist in weiß gekleidet mit einem blassblauen Mantel und einem weißen Schleier auf Ihrem Kopf und steigt vorsichtig eine Treppe, die außerhalb des Hauses in Betlehem ist, hinab, während sie mit größter Sorge Ihr in ein weißes Tuch gewickeltes Kind trägt.

Josef, der eine hellbraune Tunika und einen Mantel in derselben Farbe trägt, wartet an der untersten Stufe mit einem kleinen, grauen Esel. Er sieht Maria an, als Sie auf ihn zukommt und lächelt Sie an. Wenn Maria ihn erreicht, nimmt er den Zaum des Esels in die linke Hand und in die andere das schlafende Kind, während Maria sich in den Sattel setzt. Dann gibt er Ihr wieder das Kind und sie machen sich auf den Weg zum Tempel in Jerusalem.
Mit dem Zaum in seiner Hand geht Jesus neben Maria und hält den Esel auf einem geraden und sicheren Weg, sodass er nicht stolpert. Maria breitet das Ende Ihres Mantels über

Jesus aus, damit es Ihm warm ist in Ihrem Schoß. Währen sie reisen, spricht das Paar wenig, aber sie lächeln oft einander an. Der Weg schlängelt sich durch eine Landschaft, die karr ist vom harten Winter und man sieht ein paar Reisende auf der Straße.

Sie treten durch ein Tor in die Stadt ein und folgen ihren Weg weiter auf dem zerbrochenen Belag der schmallen Straße, die leicht bergauf geht zwischen hohen Häusern mit schmallen, niedriegen Türen und nur ein paar Fenstern zu Straßenseite. Über ihren Köpfen sieht man viele dünne, blaue Streifen des Himmels, die zwischen den Terrassen hervorblitzen.

Man hört viel Lärm und viele Leute sind auf den Straßen; manche zu Fuß, manche auf Eseln und wieder andere führen beladene Esel und die Menge folgt eine sperrige Karawane mit Kamelen.

Die Heilige Familie macht nur beschwerliche Fortschritte, da der Verkehr den Esel oft dazubring anhalten zu müssen und die Löcher im Belag wo Steine fehlen bringen das arme Tier andauernd zum Zucken, welches das Reiten für die Mutter und das Kind umbequem macht.

Eine römische Patrouille kommt mit großem Trampeln der Hufen und Arme vorbei und verschwindet hinter dem Bogen, welcher gegenüber der dünnen, steinigen Straße gebaut wurde.

Josef biegt links ab in eine weitere, angenehmere Straße ab und die Mauern Jerusalemsem zeichnen sich am Ende der Straße ab.

Am Eselsstall in der Nähe des Tores steigt Maria ab.

Josef gibt einem kleinen Mann, der auf ihn zugekommen ist, ein paar Münzen für ein bisschen Heu und Wasser, welches er mit einem Eimer aus einem rustikalen Brunnen holt, der in der Ecke ist.

Sie gehen zu einem Säulengang mit Händlern, die Lämmer und Tauben verkaufen, und Geldwechslern. Diese Händler wird Jesus eines Tages verscheuchen. Jetzt jedoch, kauft Josef zwei kleine Tauben und dann machen sie sich auf zu einer großen, geschmückten Seitentür mit acht Treppen wie es alle Türen zu haben scheinen, weil die Mitte des Tempels erhöht ist von seiner Umgebung.

Im Inneren ist eine große Halle mit rechteckigen Alteren zur rechten und zur linken Seite. Die Oberseiten der Altare sind wie Basine mit den äußeren Rändern ein paar Zentimeter höher als die inneren.

Ein Priester kommt herbei und Maria bietet Ihre zwei kleinen Tauben an und eine Handvoll von Münzen und der Priester benetzt sie mit geweihtem Wasser. Dann folgt Sie dem Priester in die Antekammer des Tempels.

Es ist eine große, geschmückte Halle mit skulptierten Engelsköpfen und Palmen, die die Säulen, Wände und die Decke verzieren. Licht fließt durch die langen schmalen Fenster, die diagonal in den Wänden angelegt sind.

Maria bewegt sich nach vorne und hält ein paar Meter vor den Stufen eines Altares an, wo dahinter das Heilige der Heiligen liegt - der Tabernakel - wo nur die Priester hingehen dürfen.

Jesus, der nun wach ist, dreht seine unschuldigen Augen zum Priester, dem Maria Ihn opfert, mit einem erstaunten Ausdruck eines Neugeborenen, das nur wenige Tage alt ist. Der Priester nimmt Ihn in seine Arme und geht die Treppen hoch zum Altar.

Maria beginnt zu beten und taucht direkt in eine innere Vision ein, obwohl Sie äußerlich gegenwärtig erscheint. Auch Josef fühlt die angenehme Gegenwart des Heiligen Geistes, welcher ihn mit Freude und göttlichem Lichte füllt.

Der Priester hebt Jesus mit seinen Armen ganz ausgestreckt zum Heiligen der Heiligen und Maria hört eine Stimme in Ihrer Vision, welche sagt:

"Dies ist Mein geliebter Sohn, an welchem ich großen Gefallen gefunden habe"

Die Vorstellung ist beendet. Der Priester bringt das Kind zurück und überreicht Ihn Seiner Mutter und geht dann weg.

Ein gebeugter, kleiner, alter Mann aus einer Gruppe von Schaulustigen geht sich auf einen Stock stützend auf sie zu. Simeon muss über achtzig Jahre alt sein. Er ist ein einfacher Gläubiger, ein heiliger Mensch, kein Priester. Er sieht die Heilige Familie umgeben vom Licht des Heiligen Geistes und er geht zu Maria und bittet Sie ihm das Kind für einen Augenblick zu geben und Maria tut ihm diesen Gefallen mit einem Lächeln.

Simeon nimmt das Kind, küsst Es und Jesus gibt ihm Sein

Säuglingslächeln und schaut den alten Mann neugirig an, weil der alte Mann weint und lacht zur selben Zeit und die Tränen formen eine glitzerndes Muster in seinem faltigen Gesicht und fädeln sich in seinem langen weißen Bart auf, welchen Jesus versucht zu berühren.
Maria und Josef lächeln. Und so lächeln auch die anderen, die die Schönheit des Kindes verehren.

'Seht, dieses Kind ist zum Falle und Auferstehens von vielen in Israel bestimmt. Und für ein Zeichen, welches widerspenstig sein wird.' sagt Simeon.

Und dann zu Maria, fügt er hinzu 'Und deine eigene Seele, soll ein Schwert durchbohren, sodass aus vielen Herzen Gedanken hervorkommen mögen.'

Wenn Simeon das Schwert erwähnt und den Widerspruch erwähnt, verbeugt Jesus seinen Säuglingskopf als einen inneren Akt des Gehorsams zum Vater.

Josef ist durch die Worte Simeons erstaunt, während Maria Jesu Akt des Gehorsams zum Vater sieht und tief berührt ist. Und als Simeon Trauer erwähnt, verschwindet Ihr Lächeln und Sie wird blass. Obwohl Sie es schon weiß, durchbohren diese Worte Ihre Seele. Und all die Fröhlichkeit Marias wandelt sich in Trauer, da es in diesem Moment ist, wo ihr eindeutig bewusst wird, welche Leiden und welch grausamer Tod Ihn erwartet; dass er auf verschiedenste Weise verfolgt wird, Seine Lehren abgewiesen nicht geglaubt werden, Sein Ansehen - obwohl von noblem und royalem Abkommen - wird verachtet werden. Er wird wie ein Bauer behandelt werden, obwohl er die Weisheit selbst ist. Er wird als ignorant angesehen, ein Verrückter, ein Betrunkener, ein Vielfraß, ein freund von Zöllnern und Sündern, und ein falscher Prophet genannt werden. Er wird wie ein Ketzer behandelt werden, ein Zauberer und als einer der vom Teufel bessessen ist, da er den Teufel austreibt.

Ihm werden die Augen verbunden, er wird verhöhnt werden, Sein heiliges Gesicht zerschlagen und entheiligt. Er wird als

Gotteslästerer bezeichnet werden, da er sich Sohn Gottes nennt und deswegen zum Tode verurteilt werden, Er wird so boshaftig bekannt sein, dass die Juden zu Pilatus sagen, dass kein Prozess notwendig ist um Ihn zum Tode zu verdammen.

Sie rückt Josef näher um Trost zu finden und drückt Ihr Kind leidenschaftlich an Ihre Brust.

Manche in der Menge sind auch gerührt, andere überrascht, aber andere auch die Mitglieder des Hohen Rates lachen über die Worte des alten Mannes, schütteln ihre Köpfe und schauen den alten Mann mit bemitleidenden Blick an, als ob er verrückt sei.

'Frau' sagt Anna von Phanuel, 'Er, der den Erlöser zu seinen Leuten gab, wird nicht die Kraft missen Seine Engel zu schicken um Deine Tränen zu trösten. Die großen Frauen Israels mangeln nie die Hilfe des Herren und Du bist weitaus größer als Judith und Jael. Unser Gott wird Dir ein Herz aus dem reinsten Gold geben um die Stürme des Leidens zu widerstehen, sodass Du die größte Frau der Erschaffung wirst: Die Mutter. Und Dein Kind, erinnere dich an mich in der Stunde Deiner Mission.'

Durch diese zwei alten, heiligen Leute, wurde das öffentliche Zeugnis des Kommens des Erlösers in die Welt gebracht.

Mary's Lullaby

Maria legt Ihre Nähsachen nieder um das Kind zu füttern und die Sachen des sechs Monate alten Jesus in ihrem kleinen Zimmer in Betlehem zu wechseln wo auch ihr Webstuhl ist.
Draußen hat die sich senkende Sonne den klaren Himmel mit vielen goldenen Wolken gefärbt. Die Herden machen ihren Weg von den Heiden zurück in die Stallhäuser, während sie durch das letzte Grass der blumigen Wiese beißen und mit ihren Köpfen erhöht blöken.
Jesus ist schläfrig, aber ein bisschen ruhelos, als ob er vom Zahnen leider oder einer anderen Kinderkrankheit.

Maria singt Ihm ein süßes Wiegenlied, ein wahres Weihnachtslied, mit einer reinen, klaren Stimme um Ihn in den Schlaf zu wiegen

<<Kleine goldene Wolken - scheinen auf die Herden des Herren

auf die Wiesen voller Blumen - eine andere Herde schaut zu.

Aber wenn ich alle Herden hätte - die auf der Erde existieren,

Das Lämmlein, das mir am liebsten ist - wärest immer du.

Schlaf, schlaf, schlaf, schalf,

weine nicht mehr...

Viele glitzernde Sterne - blinken im Himmel.

Mögen Deine süßen, milden Augen - keine Tränen mehr vergießen.

Deine Saphiraugen - sind die Sterne Meines Herzen.

Deine Tränen bringen Mich zum Weinen - Oh! weine nicht mehr.

Schlaf, schlaf, schlaf, schlaf,

Weine nicht mehr...

All die funkelnden Engel - die im Himmel sind,

formen einen Kranz um Dich, unschuldiges Kind - entzückt von deinem Gesicht.

Aber Du weinst um Deine Mutti - Mutti, Mutti, Mutti.

um Dir ein Wiegenlied - Wiegen, Wiege, Wie - zu singen.

Schlaf, schlaf, schlaf, schlaf,

Weine nicht mehr...

Der Himmel wird bald rot sein - und die Dämmerung kommt bald wieder,

Und Mutti hatte keine Ruhe - um sicher zu sein, dass du nicht weinst.

<<Mamma>> wenn Du mich zum Wecken rufst - <<Sohn>> antworte ich.

Ein Kuss voll Liebe und Leben - Gebe ich dir mit Meiner Brust.

Schlaf, schlaf, schlaf, schlaf,

Weine nicht mehr...

Du brauchst Deine Mutti - auch wenn Du vom Himmel träumst.

Komm, Komme! Unter Meinen Schleier - Ich werde dich zum Schlafen bringen.

Meine Brust ist Dein Kissen - Deine Wiege Meine Arme,

Hab keine Angst, Mein Lieber - Ich bin hier mit Dir...

Schlaf, schlaf, schlaf, schlaf,

Weine nicht mehr...

Ich werde immer mit Dir sein - Du bist das Leben meines Herzens

Er schläft wie eine Blume - Auf meiner Brust ruht er im Schlaf

Sei still! - Seinen Vater vielleicht Er sieht,

Und dieser Anblick wischt die Tränen - Von meinem süßen Jesus.

Er schläft, schläft, schläft, schläft,

Und er weint nicht mehr....>>

Sie sing mit solch einer Hingabe und Liebe und ihre Stimme ist so unbeschreiblich rein, sodass die süße Melodie selbst das Paradis auf Erden beruft. Und Sie schaukelt die Wiege sehr sanft, während Sie singt.

Aber Jesus schein nicht zu ruhen, also hebt Sie Ihn hoch in Ihre Arme und setzt sich an das offene Fenster mit der Wiege an Ihrer Seite. Während sie sich leicht zum Rhythmus des Liedes bewegt, wiederholt sie das Wiegenlied wieder und wieder bis Jesus Seine kleinen Augen schließt, Sein Gesicht in die Brust Seiner Mutter dreht und so einschläft mit

Seinem Gesicht auf der warmen, bequemen Brust Seiner Mutter liegend mit einer Hand auch auf Ihrer Brust in der Nähe Seiner rosigen Backen und die andere auf Ihrem Schoß. Und so schläft er im Schatten des Schleirs Seiner Mutter.

Dann steht Maria auf, legt Ihn vorsichtig in die Wiege, deckt Ihn mit kleinen Tüchern, breitet den Schleier aus um Ihn vor Fliegen zu beschützen und frischer Luft und dann bleibt sie da, während Sie über Ihren schlafenden Schatz denkt. Sie lehnt sich weiterhin mit einer Hand and die Liege bereit sie zu schaukeln, falls er aufwacht, und die andere auf Ihrem Herzen, während Sie glücklich lächelt, als die äußere Stille und Dunkelheit fallen und in Ihr kleines, junfräuliches Zimmer steigen.

Die Verehrung durch die Weisen

Zurück in der Nacht in der Jesus geboren wurde, bringt ein Engel die Neuigkeit ins meridionale Asien, nach Mongolien und in die Region des Nils. Aus Luft macht der Engel einen gloreichen Stern, der, obwohl kleiner als die Sterne des Himmels, viel näher zur Erde ist und daher größer erscheint. Der Stern soll ein Führer sein und die Erwählten nach Betlehem bring um zu Ihn zu verehren. Nur während der Nacht wandernd, für viele Monate, mit seinem wunderschönsten Licht, erleuchtet er den Nachthimmel und am Tage mischt er sein Licht mit das der Sonne.

Es ist bereits späte Nacht in Betlehem, die Straßen sind verlassen und das silberne Mondlicht lässt die kleine Stadt wie eine Brut von Hühner erscheinen, die unter den Sternen schlafen.

Das Licht wird heller und fällt von einem östlichen Himmel herab, welcher voller heller Sterne ist, so groß und so tief erscheinend, dass es möglicht ist sich auszustrecken und nach den glitzernden Blumen zu fassen in einer samten Dunkelheit im Gewölbe des Himmels.

Ein einzelner Stern, weitaus größer als der Mond, der über den Himmel Betlehems schwebt, verfinstert alle anderen Sterne wie eine Königen, die ihre Mägde im glänzenden Ruhm übertrifft. Der Stern sieht wie eine Kugel aus, die im Inneren von einem blassen Saphier beleuchtet wird wie von einer eigenen Sonne, und er sendet einen Pfad von Spektrallichtern mit verschiedenen Farbtiefen eines schillernden Opals; blonde Topas, grüne Smaragde, das blutrote Funkeln von Smaragden und mildes Glitzern von Amethysten mischen sich mit dem vorwiegend blassen Saphir. Der schnelle, wellenförmige Pfad, der sich durch den Himmel schlengelt ist lebendig mit allen Farben aller Steine dieser Erde. Aber der himmlisch blasse Saphirfarbton, der aus der Kugel kommt, wäscht über die Häuser, Straßen, und den Boden Betlehems-die Wiege des Erlösers-und gibt diesen einen blau silbernen Schein, der die arme Stadt in eine fantastische silberne Stadt aus einem Märchen verwandelt, und das Wasser in den Quellen und anderen Gefäßen verwandelt es in flüssige Diamanten.

Mit breiteren Lichstrahlen kommt der Stern über einem kleinen Haus an einer engen Seite des Marktes zur Ruhe. Aber die Einwohner des Hauses, wie die Leute in Betlehem, schlafen alle hinter verschlossenen Türen. Der Stern verschnellert sein Pulsieren und bewirkt, dass der Pfad vibriert und wellt sich schneller und schneller in einem Halbkreis im Nachthimmel und zeichnet somit ein Netz von Sternen voller scheinender, farbenfroher, wertvoller Juwelen in den wunderschönsten Tönen und erleuchtet den Himmel in einem freudigen Tanz.

Das kleine Haus ist verwandelt durch das flüssige Feuer der Steine; das Dach der kleinen Terrasse, die dunklen Steintreppen, und die kleine Tür sind wie ein Block aus purem Silber, der mit Diamanten- und Perlenstaub gesprüht ist, welcher kein könglicher Palast dieser Erde jemals gesehen hat oder sehen wird; gebaut um von Engeln genutzt zu werden oder von der der Mutter Gottes.

Aber die Mutter wach und unwissend kniet vor der Wiege Ihres Sohnes und betet. Man sieht einen Glanz in Ihrer Seele, der noch größer ist als der Glanz draußen.

Von der Hauptstraße, kommt ein Reiterzug geführt von angeschirrten Pferden, Dromedaren und Kamelen, die Reiter oder Ladungen tragen, mit Huf schlägen wie plätscherndes WAsser das gegen Steine einer Strömung schlägt. Wenn sie den Markt erreichen, halten sie alle an.

In diesem Sternenlicht, sieht der Reiterzug wie eine glanzvolle Fantasie aus durch das reichste Zaumzeug, die Kleidung der Reiter, die Gesichter, das Gepäck...alles glitzert. Und die Brillianz der Sterne erhöht die Brillianz der Metalle, Leder, Seide, Steine und Jacken. Ihre Augen strahlen und ihre Münder lächeln, weil ein anderer Glanz in ihren Herzen scheint; ein Glanz übernatürlicher Freude.

Drei Mitgleider der Karawane steigen ab und gehen auf das

kleine Haus zu, während die Diener die Tiere schnell in den Hof der Schenke lotsen.

Die drei Männer werfen sich zu Boden mit ihren Stirnen und küssen den Boden. Wegen ihrer reichen Ausstattung kann man davon schließen, dass sie einflussreiche Männer sind. Einer von ihnen, hat eine sehr dunkle Komplexion, der von einem Kamel abstieg, und ist in eine Sciamma - eine ethiopische Kleidung - eingehüllt, die aus purer Seide besteht, und an der Hüfte von wertvollen Gürteln gehalten wird, indem auch ein langer Dolch oder vielleicht ein Schwert mit Juwelen bestückt gehalten wird.

Von den anderen zwei, die beide mit einem Pferd angekommen sind, trägt einer eine wunderschöne Robe mit vorwiegend gelben Streifen, verarbeitet wie eine lange Bürde mit einer Kapuze und ein Kordon mit einer sehr reichen Goldbestückung, sodass es wie Goldfiligran aussieht. Der dritte Mann ist in ein Seidenhemd gekleidet, dass aus einer langen, großen Hose herausragt, welche eng am Fußgelenk ist und er ist in einen sehr feinen Schal gewickelt, welcher wie ein Blumen Garten aussieht, so hell sind die Blumen die den Schal dekorieren. Auf seinem Kopf trägt er einen Turban der von einer Kette, die mit Diamanten beschmückt ist, zusammen gehalten wird.
Sie beenden die Anbetung des Bodens außerhalb des Hauses wo der Erlöser ist und gehen in die Schenke wo die Diner bereits geklopft haben und eingetreten sind.

Einige Stunden später, als die Sonne hell im Nachmittagshimmel steht, kommt ein Diener aus der Schenke und kreuzt den Markt zum kleinen Haus, wo er die Treppen hochsteigt und reingeht. Augenblicke später, kommt er wieder heraus und geht in die Schenke zurück.

Eine viertel Stunde später kommen die drei Weisen aus der Schenke, jeder gefolge von seinem eigenen Diener. Die Weisen sind noch reicher gekleidet als in der Nacht zuvor; ihre Seiden glänzen, die Steine funkeln, eine Menge Federn auf dem Turban verkrustet mit wertvollen Ansätzen.

Währen sie feierlich über den Markt gehen, halten ein paar Fußgänger an und gaffen.

Einer der Diener trägt einen geschmückten Koffer verstärkt mit eingraviertem Gold.

Der zweite Diener hat einen wunderschönen Kelch mit einer feinen Vollendung und einem Deckel aus purem Gold, auch fein verarbeitet.

Der dritte Diener hat eine niedrige, weite, goldene Amphora mit einem Deckel, der wie eine Pyramide geformt ist und mit einem Diamanten beschmückt ist.

Der Gesichtsausdruck der Deiner zeigt wie schwer die Geschenke sind aber der Sklave mit dem Koffer scheint das schwerste von allen zu tragen.

Sie steigen die Treppen hinauf und gehen in das Zimmer hinein, das sich von der Straße verlängert von vorne bis zum Ende des Hauses. Sonnenlicht scheint durch das Fenster im hinteren Teil, durch welches man die kleine Küche im Garten sehen kann. Von den Türen in den anderen Wänden, die Besitzer des Hauses- ein Mann, eine Frau, einige Jungen und kleine Kinder- alle schauen gespannt.

Maria sitzt mit Jesus in Ihrem Schoß, und Josef steht an Ihrer Seite. Aber sie erhebt sich und verbeugt sich, wenn die Weisen eintreten.
Sie trägt ein langes, weißes Kleid, das bis zu Ihren Fußgelenken geht und dünnen Handgelenken und Ihr blondes Geflecht formt eine Krone um Ihr hübsches Gesicht, nun leicht rosig durch die Emotionen. 'Möge Gott mit euch sein' sagt Maria zu den Weisen, Ihre Augen lächeln milde.

Die drei Weisen halten für einen Augenblick komplett an voller Erstaunen. Dann treten sie vor und werfen sich vor Ihren Füßen nieder. Dann bitten sie Sie sich hinzusetzen.

Maria bittet die Weisen sich hinzusitzen aber sie bleiben kniend, sich auf den Fersen ruhend. Die drei Diener bringen die drei Geschenke vor und platzieren sie vor den Weisen. Dann gehen sie zur Eingangstür zurück und knien sich hinter ihre Meister.

Die drei Weisen betrachten den neun Monate alten Jesus, der in dem Schoße seiner Mutter sitzt, lächelnd und mit einer schrillenden Stimme lallend wie ein kleiner Vogel. Er ist lebendig und stark und trägt eine einfache, kleine, weiße Tunika, aus welcher seine ruhelosen, weiß sandalten Füße hervorspitzen. Seine plumpen, kleinen Hände würden gerne alles festhalten. Er hat das allerschönste Gesicht mit zwei dunkelblauen, funkelnden Augen, Backen mit Grübchen und einen schönen Mund, der seine ersten kleinen Zähne zeigt, wenn er lächelt. Und seine hübschen, kleinen Löckchen sind so hell, dass sie wie Goldstaub erscheinen.

Im Namen von allen drei, erklärt der älteste Weise zu Maria, dass ihnen in einer Nacht des letzten Dezembers ein unnormal heller Stern im Himmel erschienen ist. Dieser Stern ist weder bekannt noch ist er auf jener Mappe eines Himmels zuvor erwähnt worden; sein Name ist unbekannt, weil er keinen Namen hat.

Geboren aus dem Schoße Gottes, ist er gesegnet und die Wahrheit zu den Menschen zu bringen, ein Geheimnis Gottes. Aber die Menschen passen nicht auf, da ihre Seelen tief im Dreck stecken. Sie heben weder ihre Augen zu Gott noch können sie die Worte lesen, die Er mit seinem Feuer des Sterns ins Gewölbe des Himmels schreibt. Möge Er für immer gesegnet sein.

Die drei Weisen sehen den Stern und geben viel darum dessen Bedeutung zu verstehen; gerne schlafen sie nicht und vergessen ihr essen und geben sich selbst ganz der Lehre des Sternzeichens hin; die Anpassung der Sterne, die Zeit, die Jahreszeit, und die Stunde. Und die Kombination all dieser

Dinge sagt uns das der Name des Sterns "Messias" ist. Und dessen Geheimnis: "Der Messias ist in die Welt gekommen."

Und sie machen sich auf den Weg um Ihn zu verehren, keiner kennt den anderen; vom meridionalen Indien- heutige Türkei, Afghanistan und Persien. Den mongolischen Bergketten, die Unterkunft für Adler und Geier sind, wo Gott in den brausenden Winden und Strömen spricht und Seine mysteriösen Worte in die großen Seiten der Gletscher schreibt. Und von wo der Nil beginnt und mit seinem blaugrünen Wasser zum azuren Herzen des Mittelmeeres fließt.

Sie klettern Berge und Täler, kreuzen Flüsse und Wüsten; weite Ozeane gefährlicher als Meere, reisen bei Nacht, immer Richtung Palästina, weil sie der Stern in diese Richtung führt. Keiner kennt den anderen. Und für jeden von ihnen, aus drei verschiedenen Teilen der Erde, geht der Stern in diese Richtung. Und dann treffen sie sich hinter dem Toten Meer wo Gottes Wille sie zusammenbringt und sie tauschen sich darüber aus was sie gesehen haben, die Erscheinung, die sie erhalten haben und wie ihre Geschichten waren und fanden heraus, dass ihre Erzählungen gleich waren. Und so gehen sie gemeinsam weiter. Und obwohl niemand des anderens Sprache spricht, verstehen sie einander durch ein Wunder des ewiglichen Vaters- ein Vorzeichen des Pfingstwunders, das über dreiundreißig Jahre später statttfinden wird.

Sie gehen nach Jerusalem, weil der Messias König der Juden sein soll. Aber wenn sie dort ankommen, versteckt sich der Stern über dem Himmel der Stadt. Und sie fühlen ihre Herzen gebrochen durch Schmerz. Sie untersuchen sich selbst um zu sehen ob sie es verfehlt haben Gott zu verdienen. Aber ihre Gewissen versichern ihnen das sie richtig sind. Also gehen sie zum König Herodes und bitten ihn ihnen zu sagen in welchem königlichen Palast der König der Juden geboran wurde, sodass sie zu Ihm gehen können und Ihn anbeten können.

Herodes versammelt die hohen Priester und Schriftgelehrten und fragt sie wo der Messias geboren sein könne und sie antworten "In Betlehem in Judäa."

Also gehen sie nach Betlehem und sobald sie die Heilige Stadt verlassen, erscheint ihnen der Stern wieder.

Dann hält der Stern über diesem Hause an, schluckt all das Licht der anderen Sterne in seinem Licht. Und so verstehen sie, dass das göttliche, neugeborene Kind hier ist.

Und nun verehren sie Ihn, bieten ihre Geschenke und über allem ihre Herzen an, welche niemals aufhören Gott zu danken für die Gnade, die Er ihnen gegeben hat.

Noch werden sie jemals aufhören Seinen Sohn zu lieben,

wessen heiligen, menschlichen Körper sie nun gesehen haben.

Später planen sie zu König Herodes zurückzukehren, da er Ihn auch verehren möchte.

In der Zwischenzeit, ist hier ein bisschen Gold, welches eines Königs würdig ist.

Hier ist ein bisschen Weihrauch, welches eines Königs würdig ist.

Er wird die Bitterkeit des Fliesches erfahren, die bitterkeit des menschlichen Lebens und das unausweichliche Gesetz des Todes. Unsere Seelen, gefüllt wie sie sind mit Liebe, würden es bevorzugen diese Worte nicht zu sprechen und würden lieber das Sein Fleisch ewig ist wie Sein Geist. Aber, Frau, falls unsere Schriften, und über allem, unsere Seelen gerecht sind, Ist Er Dein Sohn, der Erlöser, der Christus des Gottes. Und um die Welt zu lösen, muss er das Böse der Welt auf sich nehmen, welches eines davon die Bestrafung des Todes ist.

Diese Myrrhe ist für diese Stunde. Sodass sein heiliges Fleisch nicht dem Rotten des Verderbens ausgeliefert ist, sondern komplett konserviert für die Auferstehung ist. Im Namen dieser Geschenke, möge Er sich immer an uns erinnern und Seine Diener retten, indem er sie in Sein Königreich einlässt.

In der Zwischenzeit, sodass wir geheiligt werden, wirst Du, Mutter, Deinen kleinen in unsere Liebe vertrauen, sodass Sein himmlischer Segen auf uns herabkommen möge, während wir Seine Füße küssen?

Während Maria die Traurigkeit der Worte des weißen Mannes versteckt, bietet Sie ihnen das Kind an; Sie legt Ihn in die Arme des ältesten Weisen, der Ihn küsst und sein Streicheln von Jesus erhält. Und dann übergibt er Ihn an die anderen zwei.

Jesus lächelt und spielt mit den kleinen Ketten und Spitzeln der Roben. Er schaut neugirig auf den offenen Koffer, der mit einer gelben, glänzenden Substanz gefüllt ist und lächelt über den Regenbogen, der durch die Sonne, die auf den Deckel der Myrrhe scheint, entstanden ist.

Dann übergeben sie das Kind wieder Maria und stehen auf. Maria steht ebenso auf und sie verbeugen sich einander, nachdem der Jüngste seinem Diener den Befehl gegeben hat hinauszugehen.

Die drei Männer reden weiter für eine Weile. Sie können sich nicht entscheiden das Haus zu verlassen. Tränen scheinen in ihren Augen, aber wenigstens bewegen sie sich nun zur Tür in Begleitung von Maria und Josef.

Jesus möchte runter und dem ältesten der drei Seine Hand

geben. Und so läuft Er, gehalten von der Hand seiner Mutter und des Weisen Mannes, die sich beide beugen um ihn zu stützen. Jesus läuft mit vorsichtigen Schritten, wie alle Kinder und er lacht und tritt Seine kleinen Füße auf dem Streifen im Boden, der von der Sonner erleuchtet ist.

Das Zimmer läuft durch die Länge des Hauses. Daher ist es ein bisschen bevor sie die Tür erreichen wo der Weise sich hinkniet und Jesus nochmal die Füße küsst.

Maria beugt sich über das Kind, nimmt Seine Hand und führt es in einer segnenden Geste über dem Kopf jedes weisen Mannes, im Kreuzzeichen, das von Jesu Finger durch Marias Führung gezeichnet wird.

Die Weisen gehen die Treppen hinunter zu ihrere wartenden Karawane, wo die Bolzen der Pferde in der untergehenden Sonne glänzen. Leute haben sich im kleinen Markt versammelt um diesen ungewöhnlichen Anblick zu bewundern.

Josef geht mit den Weisen runter und hält die Zügel, während sie Ihre Pferde und das Kamel besteigen.

Maria hebt Jesus auf das weite Brett der Landung und hält Ihn gegen Ihre Brust mit Ihrem Arm um Ihm vom Fallen zu hindern und Jesus lacht, währen er in Seine Hände klatscht.

Diener und Meister haben nun alle ihre Tiere bestiegen und jemand gibt das Startkommando.

Die Weisen verbeugen sich noch einmal soweit es die Nacken der Züges es erlauben in einer letzten Geste der Verehrung. Josef verbeugt sich. Maria verbeugt sich und dann führt Sie Jesu Hand in der Geste eines Abschieds und eines Segens.

ENDE

"Wenn Ihnen dieses Buch gefallen hat, geben Sie bitte eine Bewertung ab. Danke!"

Auszüge aus Fortsetzungen

Der Knabenalter von Jesus

....

Die Geräusche von Josefs Arbeit in der Werkstatt in Nazareth wandern in die Still des Esszimmers, wo Maria ein paar Streifen Wolle näht, welche Sie selbst gewebt hat. Die Streifen sind ungefähr ein an halb Meter mal drei Meter lang, von welchen Sie plant Josef einen Mantel zu machen.

Gesträubte Hecken aus kleinen violetblauen Gänseblümchen sind in voller Blüte und können durch die offene Tür, welche in den Küchengarten führt, gesehen werden. Sie verkünden den Herbst, obwohl die Pflanzen im Garten noch dick sind und ein wunderschönes, grünes Blätterwerk besitzen.

Bienen von zwei Bienenstöcken, welche gegen eine sonnige Wand lehnen, fliegen im hellen Sonnenlicht herum. Dabei brummen und tanzen sie vom Feigennbaum zu den Weinstöcken und dann zum Granatapfelbaum, welcher voller runder Früchte ist, von welchen einige schon aufgeplatzt sind von dem überdurchschittlichen Wachstum. Diese enthalten Stränge von fruchtigen Rubinen, welche in einem grünroten Kästchen angereit und in gelbe Abteile geteilt sind.

Jesus mit Seinem kleinen, blonden Kopf wie ein Feuer von Licht spielt unter den Bäumen mit zwei Jungs, seine Cousins Jakob und Judas, welche in Seinem Alter sind. Sie haben lockige Haare, sind aber nicht blond.

Ganz im Gegenteil, einer hat sehr dunkle Locken, welche sein kleines, rundes Gesicht weißer erscheinen lassen, und zwei wunderschöne, große, weitgeöffnete, blauviolette Augen.

Der andere hat weniger Locken und sein Haar ist dunkelbraun, seine Augen sind auch braun und seine Hautfarbe dunkler, mit einem pinken Farbton auf seinen Wangen.

Die drei Kinder spielen Geschäfte in perfekter Harmonie mit kleinen Wägen auf denen verschieden Artikel sind: Blätter, kleine Steine, Holzraspeln, kleine Holzstücke.

Jesus ist der, der Sachen für Seine Mutter kauft, zu welcher er jetzt eine Sache bringt und dann eine andere. Maria akzeptiert all die Einkäufe mit einem Lächeln.

Dann ändert sich das Spiel. Jakob, einer der zwei Cousins, schlägt vor: 'Lasst uns den Auszug aus Ägypten spielen. Jesus wird Moses sein, ich bin Aaron, und du... Maria.'

'Aber ich bin ein Junge!' protestiert Judas

'Es ist egal. Es ist das Gleiche. Du bist Maria und du sollst vor dem goldenen Kalb tanzen und das goldene Kalb ist der Bienenstock dort drüben.'

'Ich werde nicht tanzen. Ich bin ein Mann und möchte nicht eine Frau sein. Ich bin ein treuer Glaubender und ich werde nicht vor einem Idol tanzen.'

Jesus unterbricht sie: 'Lasst uns nicht diesen Teil spielen. Lasst uns diesen anderen spielen: Als Joshua als Moses Nachfolger gewählt wird. Sodass es keine schlimme Sünde durch Götzendienste gibt und Judas wird sich freuen ein Mann und Mein Nachfolger zu sein. Bist du froh?'

'Ja bin ich, Jesus. Aber dann musst du sterben, weil Moses danach stirbt. Aber ich möchte nicht, dass Du stirbst; ich habe dich immer so liebgehabt.'

'Jeder stirbt.... aber bevor ich sterbe, soll ich Israel segnen, und da ihr die einzigen seid, die hier sind, soll ich ganz Israel in euch segnen.'

Sie stimmen zu. Dann gibt es ein Argument: ob das Volk Israel nach so viel Reisen immer noch dieselben Wagen hatte, wie bei dem Verlassen von Ägypten. Es gibt verschiedene Meinungen.

Sie wenden sich zu Maria. Mama, ich sage die Israeliten hatten immer noch ihre Wagen. Jakob sagt, dass hatten sie nicht. Judas weiß es nicht. Wer hat Recht? Weißt du es?'

'Ja, Mein Sohn. Die nomadischen Völker hatten immer noch ihre Wagen. Sie reparierten sie, wenn sie Halt machten. Die schwächeren Menschen sind in den Wagen gereist und auch die Essenssachen und die vielen Dinge, die für so viele Menschen notwendig waren, waren in ihnen geladen. Mit Ausnahme der Bundeslade, welche bei Hand getragen wurde, war alles andere in den Wagen.'

Da die Frage nun beantwortet ist, gehen die Kinder zum unteren Teil des Obstgarten und von dort singen sie Psalme und machen sich auf den WEg in Richtung des Hauses. Jesus führt die Psalme an in seiner sanften, silbernen Stimme, gefolgt von Judas und Jakob, welche einen kleinen Wagen, der zum Rang des Tabernakels erhoben ist, halten.

Aber da sie auch den Teil des Volkes spielen müssen, zusätzlich zu Aaron und Joshua, haben sie mit ihren Gürteln andere kleine Wagen an ihre Füße gebunden und so schreiten sie fort wie ernsthafte, echte Schauspieler.

Sie vervollständigen die ganze Länge der Laube und als sie vor die Tür von Marias Zimmer kommen, sagt Jesus: 'Mama, verehre die Bundeslade, wenn sie vorbeikommt.'

Maria steht lächelnd auf und verbeugt sich zu Ihrem Sohn, als er vorbeizieht, leuchtend durch das helle Sonnenlicht.

Dann klettert Jesus auf die Seite des Hügels, welcher sich außerhalb der Grenzen des Gartens formt, stellt sich aufrecht am Gipfel des Hügels und spricht zu... Israel. Er wiederholt die Befehle und Versprechungen Gottes. Dann wählt Er

Joshua als Führer, ruft ihn und dann klettert Judas den Hügel hoch. Jesus-Moses ermutigt und segnet Judas-Joshua und dann fragt er nach einer... Tafel (ein großes Feigenblatt), schreibt den Lobgesang und liest ihn.

Es ist nicht ganz komplett, aber entält den größten Teil, und Er scheint es vom Blatt abzulesen. Dann entlässt Er Judas-Joshua, welcher Ihn weinend umarmt. Jesus-Moses steigt dann weiter hinauf, bis zur Kante der Klippe, von wo Er ganz Israel segnet, das ist, die zwei, welche sich nun auf den Boden werfen. Dann legt Er sich auf das kurze Gras, schließt Seine Augen und... stirbt.

Als Sie Ihn auf den Boden liegen sieht, schreit Maria, welche alles von der Tür lächelnd beobachtet hat: 'Jesus, Jesus! Steh auf! Leg Dich nicht so hin! Deine Mama möchte Dich nicht Tod sehen!'

Jesus steht lächelnd auf, rennt zu Ihr und küsst Sie. Jakob und Judas kommen auch herunter und erhalten Marias Liebkosungen.

'Wie kann sich Jesus den Lobgesang merken, welcher so lang und schwer ist und all diese Segen?' fragt Jakob.

Maria lächelt und antwortet: 'Sein Gedächtnis ist sehr gut und er passt gut auf, wenn ich lese.'

Ich passe auch in der Schule auf. Aber dann werde ich immer schläfrig von all dem blabla... werde ich dann niemals lernen?'

'Du wirst lernen, sei gut.'

Es klopft an der Tür und Josef geht schnell rüber durch den Obstgarten und öffnet die Tür.

'Friede sei mit euch, Alphaeus und Maria' grüßt Josef seinen Bruder und Schwägerin, welche ihren rustikalen Wagen und gesund aussehenden Esel auf der Straße gelassen haben.

'Und mit dir, und Segen!'

'Hattet ihr eine gute Reise?'

'Sehr gut. Und die Kinder?'

'Sie sind im Garten mit Maria.'

Aber die Kinder sind gekommen um ihre Mutter zu grüßen. Und auch Maria, die Jesus an der Hand hält. Die zwei Schwägerinnen küssen sich Willkomen.

'Haben sie sich gut verhalten?' fragt Alphaeus Maria.

'Sehr gut und sehr brav' antwortet Maria. 'Geht es den Verwandten gut?'

'Ja, allen geht es gut. Sie senden Dir ihre Grüße. Und sie haben Dir viele Geschenke aus Kana geschickt: Trauben, Äpfel, Käse, Eier, Honig......

Und.....Josef?..... Ich habe das gefunden, was du für Jesus wolltest. Es ist im Wagen, im runden Korb.' fügt Alphaeus

Maria hinzu, während sie sich zu Jesus beugt, welcher sie mit großen Augen anschaut.

'...... Weißt Du was ich für Dich habe?....Rate mal.' fragt sie, als sie Seine zwei Streifen des blauen Himmels küsst.

Jesus denkt nach, aber Er kann es nicht erraten.... vielleicht mit Absicht, damit er Josef die Freude geben kann Ihn überrascht zu haben. Tatsächlich kommt Josef mit einem großen, runden Korb herein, legt ihn auf den Boden vor Jesus und bindet das Seil auf, welches den Deckel auf dem Korb hält und hebt ihn hoch.... un ein kleines, weißes Schaaf, eine echte Flocke aus Schaum, erscheint, welches im sauberen Heu schläft.

'Oh!' ruft Jesus, richtig überrascht und voller Freude. Er will gerade zum kleinen Tier gehen, aber dreht dann um und rennt zu Josef, welcher immer noch vor dem Korb kniet. Er küsst ihn und dankt ihm.

Die zwei kleinen Cousins schauen die kleine Kreatur mit Bewunderung an, welche nun wach ist und seinen kleinen, rosigen Kopf erhebt, blökt, und nach seiner Mutter sucht. Sie nehmen es aus dem Korb und geben es eine Handvoll Klee und es durchstöbert, während es mit seinen milden Augen umher sieht.

'Für mich! Für mich! Danke Vater!' singt Jesus freudig.

'Magst du es so sehr?'

'Oh! Wirkich sehr! Weiß, rein.... ein kleines Lamm.....Oh!' Und Er wirft Seine kleinen Arme um den Hals des Schaafes, legt Seinen blonden Kopf auf den kleinen Kopf des Schaafes und verweilt so, glücklich.

'Ich habe noch zwei weitere für euch gebracht' sagt Alphaeus zu seinen Söhnen. Aber sie sind dunkel. Ihr seid nicht ganz so sauber wie Jesus und eure Schaafe würden immer schmutzig sein, wenn sie weiß wären. Sie werden eure Herde sein; ihr werdet sie zusammenhalten und somit werdet ihr nicht mehr auf der Straße herumbummeln, ihr zwei kleinen Bengel, und sich einander mit Steinen bewerfen.'

Judas und Jakob rennen zum Wagen und schauen auf die zwei anderen, kleinen Schaafe, welche eher schwarz als weiß sind, während Jesus Sein Schaaf in den Garten bringt, es ein bisschen Wasser zum Trunken gibt und das kleine Haustier folgt Ihm, als ob es Ihn schon immer kannte. Jesus winkt es zu sich und nennt es "Schnee" und das Schaaf blökt fröhlich als Antwort.

Die Gäste sitzen am Tisch und Maria bietet ihnen ein bisschen Brot, Oliven, Käse und einen Krug mit einer blassen Flüssigkeit, welche Apfelwein sein könnte oder etwas Wasser mit Honig versüßt.

Die Erwachsenen reden, während die drei Jungs mit ihren Tieren spielen, welche Jesus zusammen haben möchte, damit Er ihnen Wasser und einen Namen geben kann. 'Deins, Judas, wird "Stern" genannt, weil es ein Mal auf seiner Stirn hat.......Und der Name deines Schaafes wird "Flamme" sein, weil es die lodernden Farben vertrockneter Heide besitzt.'

'Abgemacht.'

Die Erwachsenen reden und Alphaeus sagt 'Ich hoffe ich habe die Sache erledigt mit den stetigen Streitigkeiten der Jungs. Ich habe die Idee dazu bekommen von deiner Nachfrage, Josef. Ich habe zu mir gesagt: "Mein Bruder möchte ein kleines Schaaf für Jesus, sodass Er etwas zum Spielen hat. Also werde ich zwei weitere für diese ungezogenen Jungs besorgen um sie ein bisschen ruhig zu halten und um die andauernden Argumente mit anderen Eltern über zerschrammte Köpfe und zerkratzte Knie zu vermeiden.... mit der Schule und mit den Schaafen, werde ich es schaffen sie ruhig zu halten." Aber dieses Jahr wirst auch du Jesus zur Schule schicken müssen. Es ist Zeit dafür.'

'Ich werde Jesus niemals zur Schule schicken.' sagt Maria energisch. Es ist ziemlich unnormal Sie in diesem Ton zu hören und noch unnormaler Sie vor Josef zu hören.

'Wieso? Das Kind muss lernen um rechzeitig bereit zu sein um Sein Examen zu bestehen, wenn Er volljährig wird...'

'Das Kind wird bereit sein. Aber Er wird nicht zur Schule gehen. Das ist ziemlich sicher.'

'Du wirst die einzige Frau in Israel sein, die das macht.'

'Ich werde die einzige sein. Aber das ist, was ich tun werde. Ist das nicht wahr, Josef?'

'Ja, das ist korrekt. Es gibt keinen Grund für Jesus zur Schule zu gehen. Maria wurde im Tempel aufgebracht und Sie kennt das Gesetz genauso gut wie jeglicher Gelehrter. Sie wird Sein Lehrer sein. Das möchte ich auch so.'

'Ihr verwöhnt den Jungen.'

'Du kannst das nicht sagen. Er ist der beste Junge in Nazareth. Hast du Ihn jemals weinen hören, oder gesehen, dass er frech ist, oder ungehorsam oder Ihm Respekt fehlt?'

'Nein. Das ist wahr. Aber Er wird all das tun, wenn ihr Ihn weiterhin verwöhnt.'

'Du verwöhnst deine Kinder nicht unbedingt, nur weil du sie Zuhause hälst. Sie Zuhause zu halten bedeutet, dass du sie mit gutem Menschenverstand und ganzem Herzen liebst. Und so lieben wir unseren Jesus. Und da Maria besser gebildet ist als ein Lehrer, wird Sie Jesu Lehrer sein.'

'Und wenn dein Jesus ein Mann ist, dann wird Er wie eine kleine, dümmliche Frau sein, die sogar Angst vor Fliegen hat.'

'Das wird Er nicht. Maria ist eine starke Frau und Sie wird Ihm eine männliche Bildung geben. Ich bin kein Feigling und ich kann Ihm männliche Beispiele geben. Jesus ist eine Kreatur ohne jegliche physikalische oder moralische Fehler. Daher wird er aufrecht und stark aufwachsen, sowohl in Seinem Körper als auch im Geist. Da kannst du dir sicher sein, Alphaeus. ....Er wird keine Schande für die Familie sein.......In jedem Fall, dies ist was ich entschieden habe und so bleibt es.'

'Vielleicht hat Maria das so entschieden und du...'

'Und wenn es so wäre? Ist es nicht gerecht, dass zwei, die sich lieben, dieselben Gedanken und Wünsche haben sollen, sodass jeder die Wünsche des anderen als die seinen akzeptiert?... Falls Maria sich dumme Sachen wünschen würde, würde ich "Nein" zu ihr sagen. Aber Sie bittet um etwas, das voller Weisheit ist und ich stimme zu, und ich mache es meinen eigenen Wunsch. Wir lieben einander, wir machen es so wie am ersten Tag, und wir werden dies tun bis zum Ende unseres Lebens. Da stimmt doch Maria?'

'Ja, Josef. Und hoffen wir mal, dass das nicht passiert, aber wenn einer von uns sterben soll ohne den anderen, dann werden wir weiterhin einander lieben.'

Josef klopt Maria auf den Kopf, als ob Sie eine junge Tochter wäre und Sie sieht ihn mit Ihren heiteren, liebenden Augen an.

'Du hast Recht!' stimmt Alphaeus Maria zu. 'Ich wünschte ich könnte lehren! Unsere Kinder lernen sowohl Gutes als auch Schlechtes in der Schule. Zuhause lernen sie nur was gut ist. Aber ich weiß nicht ob.....falls Maria....'

'Was möchtest du, Meine Schwägerin. Sprech offen. Du weißt, dass Ich dich liebe und Ich glücklich bin, wenn ich etwas tun kann, dass dich zufriedenstellt.

'Ich habe mir gedacht...Jakob und Judas sind nur ein bisschen älter als Jesus. Sie gehen bereits zur Schule...für was sie bisher gelernt haben!...Jesus andererseits, kennt das Gesetz schon sehr gut...Ich würde gerne...eh, ich meine, wenn ich Dich bitten würde sie auch zu nehmen, wenn Du Jesus unterrichtest? Ich denke sie würden sich besser verhalten und mehr gebildet sein. Immerhin sind sie Cousins und es ist gerecht, dass sein einander wie Brüder lieben. Oh! Ich würde so glücklich sein!'

'Falls Josef es will, und dein Mann zustimmt, bin ich dazu bereit. Es ist das gleiche ob ich jetzt zu einem spreche oder zu drei. Und es ist eine Freude durch die ganze Bibel zu gehen. Lass sie ruhig kommen.'

Die drei Kinder, die ruhig eingetreten sind, hören zu und erwarten gespannt die Entscheidung.

'Sie werden dich zur Verzweiflung führen, Maria.' sagt Alphaeus.

'Nein! Sie sind immer gut zu Mir. Ihr werdet euch gut Verhalten, wenn ich euch lehre, oder?

Die zwei Jungen treten heran und stehen zu beiden Seiten von Maria, legen ihre Arme um Ihre Schultern, lehnen ihre Köpfe an Ihre Schultern und versprechen alles Gute der Welt.

'Lass sie es versuchen, Alphaeus, und lass Mich es versuchen. Ich bin mir sicher, dass du mit dem Test nicht unzufrieden sein wirst. Sie können jeden Tag zur sechsten Stunde (Mittag) bis zum Abend (18Uhr-Sonnenuntergang) kommen. Es wird genug sein, glaube Mir. Ich weiß wich sie unterrichten muss ohne sie zu ermüden. Du musst ihre Aufmerksamtkeit aufrecht halten und sie gleichzeitig ausruhen lassen. Du musst sie verstehen, sie lieben und von ihnen geliebt werden, um gute Ergebnisse zu erhalten zu wollen. ...Und ihr werdet Mich lieben, oder?'

Und Maria erhält zwei große Küsse als Antwort.

'Siehst du?'

'Ich sehe. Ich kann nur sagen: "Danke Dir." Und was wird Jesus sagen, wenn Er sieht, dass seine Mama mit anderen beschäftigt ist? Was sagst Du, Jesus?'

'Ich sage: "Fröhlich sind die, die Ihr zuhören und ihr Leben neben Ihr bauen." In Bezug auf Weisheit, fröhlich sind die, die Freunde Meiner Mutter sind, und ich bin froh, dass diese, die ich Liebe, Ihre Freunde sind.'

'Aber wer legt solche Worte auf die Lippen dieses Kindes?' fragt Alphaues verwundert.

'Niemand, Bruder. Niemand von dieser Welt.'

Und so wird Maria die Lehrerin von Jesus, Judas und Jakob und die drei Jungs, Cousins, wachsen in der Liebe zueinander wie Brüder, ewrden zusammen groß, "wie drei Sprößlinge von einem Pfosten unterstützt"...Jesus ist Ihr Schüler genause wie Seine Cousins es sind. Und durch diese Ähnlichkeit eines normalen Lebens, ist das "Siegel" von Gottes Geheimnis erhalten, das die Ermittlung des Bösen einstellt.

www.ingramcontent.com/pod-product-compliance
Lightning Source LLC
Chambersburg PA
CBHW061333040426
42444CB00011B/2893